DIE JUGENDLICHE STADT AM FLUSS

LJUBLJANA

DIE JUGENDLICHE STADT AM FLUSS

LJUBLJANA

Carinthia Verlag

ISBN 978-3-85378-660-4

Umschlag- und Buchgestaltung: Carolina Santana - 2LIONSDESIGN

Druck und Bindung: Druckerei Dimograf

KREISAMT

DIE DREI BRÜCKEN

FRANZISKANERKIRCHE

DEM BUCH MIT AUF DEN WEG

Ljubljana zählte eigentlich nicht zu meinen Traumstädten. Aufgewachsen in der Provinz, hatte die Hauptstadt für mich immer etwas Mystisches und undefinierbar Beneidenswertes an sich. Sie war vor allem eine Stadt, die uns während meiner slowenischen Schulzeit einen schulfreien Ausflugstag bot, wobei uns all die Kultur und Weiterbildung, die man uns näherzubringen versuchte, weit weniger interessierte als die „Großstadt" an sich. In den 1990er Jahren bot sie sich mir als Arbeitsstätte an und ich wollte nur kurz Halt machen auf meinem Weg nach Südamerika ... und blieb. Mittlerweile 17 Jahre. Die Begeisterung meiner Besucher konnte ich in den ersten Jahren überhaupt nicht nachvollziehen, denn mich zog es an den Wochenenden, wo Ljubljana wie ausgestorben war, nach Hause. Erst mit den Jahren der Selbständigkeit des Landes und des wiedererweckten, im Sozialismus eingeschlafenen, gesunden Selbstvertrauens der Bewohner entwickelte sich Ljubljana langsam zu einer lebendigen Hauptstadt und blühte seit dem EU-Beitritt Sloweniens regelrecht auf. Heute ist Ljubljana meine Heimatstadt und erst durch meinen Mann habe ich sie so richtig lieben gelernt. Auf endlosen Spaziergängen lassen wir uns nach wie vor gerne vom Hauch der Geschichte umwehen, verlieren uns beim Anblick historischer Bauten in Gedanken an frühere Zeiten, genießen das moderne mediterrane Flair der Stadt am Fluss und freuen uns über jede renovierte Fassade. Mittlerweile möchte ich Ljubljana gegen keine andere Stadt mehr tauschen. Ich verreise zwar liebend gerne, komme aber noch lieber wieder nach Ljubljana zurück. Die geografische Lage der Stadt bietet ihren Bewohnern nämlich neben der mittlerweile weit bekannten hohen Lebensqualität auch die Möglichkeit zu kurzen, zeitsparenden Ausreißern ans Meer, in die Berge oder, wenn's mal zu eng wird, ins benachbarte Ausland. Ich kann sie nur als klein, aber fein bezeichnen. Zahlreiche Ausländer, die sich in den letzten Jahren in Ljubljana niedergelassen haben, werden Ihnen das bestätigen und Sie zugleich, wie mich des Öfteren, bitten, nicht zu sehr für Ljubljana zu werben, damit die Stadt nicht zu beliebt wird. Denn wer kann einer Stadt, welche die Liebe bereits in ihrem Namen trägt, schon widerstehen ...

Barbara Drexler Vujčič

PREŠEREN-DENKMAL

EINLEITUNG

Ljubljana ist keine Hauptstadt, die man mit einem berühmten Wahrzeichen verbinden könnte wie Paris mit dem Eiffelturm oder London mit dem Big Ben. Ljubljana ist anders – klein, fein, verträumt, grün und übersichtlich benötigt sie keine U-Bahn oder Straßenbahn, es genügen zwei Beine oder ein Fahrrad, um sich von der Stadt verführen zu lassen. Das barocke Stadtbild zählt zu den besterhaltenen Europas, die jüngeren Jugendstilbauten verleihen der Stadt ein farbenfrohes Flair.
Wenn man Ljubljana zum ersten Mal besucht, ist man oft verblüfft über den jugendlichen, frischen Charakter der Stadt, die man bis dahin noch gerne mit dem tiefsten Balkan verband.
Ein Spaziergang entlang des Flusses Ljubljanica, ein Kaffee „kava" in einem der zahlreichen Cafés, die auch im Winter im Gastgarten servieren, oder ein kulinarisches Stelldichein auf dem malerischen Marktplatz, einem der schönsten Bauernmärkte Europas, und schon steht Ljubljana auf der Liste der Städtereisen, die unbedingt zu wiederholen sind.
Die Stadt ist ein touristischer Leckerbissen der besonderen Art und bietet überdies den Vorteil, dass auch Tagesausflüge und Erkundungen Sloweniens dank ihrer zentralen Lage in keine Himmelsrichtung mehr als zwei Autostunden entfernt sind.

ROBBA-BRUNNEN VOR DEM RATHAUS

1. LEGENDE UND GESCHICHTE

Wie der Drache ins Stadtwappen kam

Glaubt man der Legende, ist der Gründer der Stadt der griechisch-mythologische Held Jason, der mit seinen Freunden, den Argonauten, vor König Aietes flüchtete, dem sie das Goldene Vlies geraubt hatten. Sie fuhren mit dem Schiff Argo über das Schwarze Meer in die Donau und weiter die Save hinauf bis zum Fluss Ljubljanica, wo sie auf einen großen See und ein breites Moor trafen. Darin lebte ein Ungeheuer, Jason kämpfte mit ihm und tötete es. Das soll der Drache von Ljubljana gewesen sein, der heute am Gipfel des Burgturms im städtischen Wappen thront.

Auf Baumpfählen durch das Moor

Da das Moor einerseits zwar unfreundlich war, andererseits jedoch Sicherheit und Nahrung bot, lebten hier bereits im 2. Jahrtausend v. Chr. die „Pfahlsiedler". Auf Pfählen, die in den Grund des Moores gerammt wurden, standen Holzhäuser. Zur Fahrt auf dem Wasser benutzten die Bewohner dieser Moorsiedlungen Einbäume. Sie lebten von Jagd, Fischfang, Tierzucht und primitiver Landwirtschaft. Bei archäologischen Ausgrabungen fand man Töpfe aus Ton, Werkzeuge aus Knochen, Stein und Kupfer, sowie Überreste von Einbaum-Booten. Auf dem Gebiet der heutigen Stadt fand eine rege Völkerwanderung statt, den Venetern folgten Illyrer, ihnen illyrisch-keltische Lapoden und keltische Taurisker; alle diese Völker hinterließen jedoch nur wenige Spuren.

Die Römer

kamen 50 Jahre vor unserer Zeitrechnung in diese Gegend. Als die römischen Krieger am linken Flussufer ihr militärisches Lager aufbauten, standen an den Ausläufern des Burghügels bereits Gebäude. Die Siedlung nannte sich bald Iulia Emona und wurde mit Mauern umgeben, die teilweise bis zu vier Meter breit und mehr als acht Meter hoch waren. Als strategischer Stützpunkt spielte sie eine bedeutende Rolle in zahlreichen Kriegen. Die aus dieser Siedlung und dem Militärlager entstandene Stadt zählte 5.000 bis 6.000 Einwohner, vorwiegend Händler und Handwerker, aber auch Staatsbeamte und Kriegsveteranen. Die Straßen waren gepflastert, die gemauerten Häuser waren an eine öffentliche Kanalisation angeschlossen, hatten Zentralheizung und Mosaikböden, die Wände waren farblich verputzt. Die Stadt hatte auch eine eigene Schutzgottheit – Equrna. Mit dem Fall des westlichen römischen Kaiserreichs ging auch die römische Stadt Emona unter.

Laibach – Luwigana – Ljubljana

Vor den Hunnen flüchteten die römischen Bewohner Mitte des 6. Jahrhunderts nach Istrien. Eine neue Besiedelung der Region kann erst wieder im frühen Mittelalter nachgewiesen werden. Die Slawen besiedelten wahrscheinlich im 7. Jahrhundert das rechte Ufer des Flusses Ljubljanica. Sie bauten ihre Siedlung gut geschützt rund um den Burghügel. Langsam entwickelte sich die mittelalterliche Stadt, über die ersten Jahrhunderte der Slawen in Ljubljana weiß man jedoch sehr wenig. Die älteste schriftliche Quelle, welche die mittelalterliche Siedlung zwischen dem Burghügel und dem Fluss unter dem Namen „Laibach" erwähnt, ist aus dem Jahr 1144, als der Ort in Besitz der Spanheimer war. Zwei Jahre danach ist sie unter dem slowenischen Namen „Luwigana" belegt. Mit dem Erwerb der Stadtrechte erhielt Ljubljana 1220 den Status einer Stadt, unter anderem wurden in der Burg auch eigene Münzen geprägt. Die Stadtbürger, vor allem die Handwerker, waren in Zünften organisiert. Im 13. Jahrhundert hatte die Stadt drei Stadtkerne: den Alten Platz (Stari trg), den Stadtplatz (Mestni trg) und den Neuen Platz (Novi trg). Jeder von ihnen war von einer Mauer umgeben. In die Stadt führten fünf Tore und sie hatte zwei Brücken, die „Untere" und die „Obere Brücke" (heutige Schusterbrücke – Čevljarski most). 1231 wurde Ljubljana zur Hauptstadt des Herzogtums Crain. Zu Beginn des 13. Jahrhunderts kam die Stadt unter die Herrschaft der Habsburger, welche ihr weiteres Schicksal fast 600 Jahre prägten. Im Jahr 1461 wurde in Ljubljana ein Bistum gegründet, die St.-Nikolaus-Kirche wurde zur Kathedrale.

Die Stadtmauer, die durch die Jahrhunderte ständig erweitert und verstärkt wurde, trotzte 1472 erfolgreich der türkischen Belagerung. Als die Gefahr türkischer Überfälle vorüber war, wurde die Stadtmauer nach und nach abgerissen und Uferwege gebaut.

Der mittelalterliche Raster der Stadt wurde erfreulicherweise bis heute

beibehalten – die Häuser waren mit der schmäleren Front und der Dachfirst im rechten Winkel zur Gasse ausgerichtet. Im Erdgeschoss waren die Werkstätten und Verkaufsläden, im hinteren Teil zum Fluss oder Burghügel Stallungen und Lagerräume untergebracht. In den nicht mehr als zwei oberen Stockwerken befanden sich die Wohnräume. Höhere, also mehrstöckige und anders konzipierte Häuser waren im Eigentum der Stadt, ausgewählter Adeliger oder religiöser Einrichtungen. 1515 wurden nach einem Erlass von Kaiser Maximilian die Juden aus der Stadt vertrieben. 1535 zog mit Primož Trubar der erste slowenische Schriftsteller und protestantische Priester in die Stadt, der in den Jahren 1561 bis 1565 Superintendent der slowenischen protestantischen Kirche war. 1599 wurden die Protestanten auf Befehl von Erzherzog Ferdinand aus Ljubljana vertrieben, im Jahr 1600 wurden auch ihre Bücher verbrannt, die bis dahin im Landhaus (lontovž) gelagert bzw. versteckt worden waren. Nach dem starken Erdbeben im Jahr 1511 wurde die Stadt im Renaissancestil erneuert und mit einer neuen Stadtmauer umgeben.

Geistige Entwicklung durch Reformation bzw. Protestantismus

brachte das 16. Jahrhundert, als Ljubljana rund 5.000 Einwohner zählte (davon etwa 70 % slowenischsprachig). Die Stadt wurde zum Mittelpunkt des slowenischen Protestantismus und zugleich der slowenischen Kultur. Mit kürzeren Unterbrechungen war Primož Trubar, der „slowenische Luther“, hier 32 Jahre lang im Dienst und veröffentlichte im Jahr 1550 die ersten zwei gedruckten slowenischen Bücher „Katechismus“ und „Abecedarium“. Jurij Dalmatin übersetzte die Bibel. Zu jener Zeit bekam Ljubljana seine erste Mittelschule, eine öffentliche Bücherei und eine Druckerei. Danach wurde die katholische Kirche wieder dominierend und es folgte die Gegenreformation.

Die Ehre des Herzogtums Crain

Im Jahr 1597 gründeten die Jesuiten in Ljubljana ein Gymnasium. Der barocke Baustil überdeckte die Renaissance. Zahlreiche Kirchen und Adelshäuser wurden umgebaut. Die Häuser erhielten neue Fassaden

und ein drittes Stockwerk und wurden durch Arkadenhöfe und Treppen bereichert. Ab 1753 wurden bedeutende Häuser in der Stadt erbaut, wie z. B. das Schweiger-Haus am Alten Platz, das Kosler-Haus auf der heutigen Slovenska Straße und die Marienkirche des italienischen Architekten Candido Zulliani (1712–1769) am Hügel Rožnik. Den Höhepunkt erreichte die barocke Kreativität in Ljubljana mit den Werken des Bildhauers Francesco Robba, der vor das mächtige neue Rathaus den „Brunnen der drei Krainer Flüsse“ baute. Zur selben Zeit zählte man in einer offiziellen Volkszählung 9.000 Bewohner der Stadt.

Ljubljana steht seit jeher unter starkem mediterranem Einfluss, ihre Zuneigung der romanischen Kultur gegenüber äußerte die Stadt jedoch am markantesten im Jahr 1693, als die Academia Operosorum gegründet wurde, eine Gelehrtenvereinigung nach italienischem Vorbild. Unter den Gründern der Academia Operosorum, die zwar nur knappe acht Jahre wirkte, war auch Baron Janez Vajkard Valvasor, Autor des berühmten Werkes „Die Ehre des Herzogtums Crain“ – „Slava Vojvodine Kranjske“. In dieser Zeit wurde nach dem Vorbild der römischen Kirche Il Gesù auch der Dom von Ljubljana erbaut.

Eine der ersten Philharmonischen Gesellschaften Europas

Im Jahr 1763 bekam Ljubljana das erste Theater – das Landestheater. 1701 wurde die Academia Philharmonicorum als eine der ersten derartigen Musikvereinigungen außerhalb Italiens gegründet. Ehrenmitglieder der ihr nachfolgenden Philharmonischen Gesellschaft waren die Komponisten Joseph Haydn, Ludwig van Beethoven und Johannes Brahms sowie der Violinist Niccolo Paganini, welche die kulturelle Entwicklung der Stadt bedeutend prägten. Einer ihrer Dirigenten war auch Gustav Mahler (1881–82).

Napoleon Bonaparte in Ljubljana

Das nationale Bewusstsein wurde durch die kurze französische Besatzung (1809–1813) gestärkt, als Ljubljana Hauptstadt der Illyrischen Provinzen und Sitz der Generalgouverneure Marschall Marmont und später Marschall Bernadotte war. Empfangen wurden die Franzosen mit offenen Armen, da diese das Prinzip der Gleichheit vor dem Gesetz einführ-

ten. Die Illyrischen Provinzen reichten von Tirol bis Dalmatien. Slowenisch wurde zu einer der Amtssprachen, in Ljubljana wurde auch die erste Hochschule eröffnet. Die Palaisgärten wurden der Allgemeinheit zugänglich gemacht, die neuen und alten Stadtteile wurden mit Brücken verbunden, einige störende Gebäude wurden abgerissen und so entstand auch der Park Zvezda – Kongresni trg (Kongressplatz). Den Namen hat der Platz allerdings dem Kongress jener Siegermächte zu verdanken, welche sich nach der Niederlage Napoleons, unter der Führung ihrer jeweiligen Herrscher, als Heilige Allianz in Ljubljana zusammenfanden. Zu dieser Zeit zählte die Stadt 15.000 Einwohner, einer davon war auch der größte slowenische Dichter, France Prešeren (1800–49). Er gehörte der damaligen Romantik an und leistete einen großen Beitrag zur Modernisierung der slowenischen Sprache. Besonders bekannt sind seine Gedichte in Sonettform und die „Zdravljica", die zur slowenischen Hymne wurde. Sein Denkmal steht am zentralen Platz der Stadt, der auch seinen Namen trägt. Bekannte Zeitgenossen, mit denen er vor allem im berühmten Gasthof „Zum österreichischen Hof" vulgo „Bahabirt" verkehrte, waren unter anderem der serbische Fürst und spätere König Miloš Obrenovič sowie der österreichische Feldmarschall Joseph Radetzky, der auch einige Zeit lang in Ljubljana lebte.

Industrieller Aufbruch

Im Jahr 1834 gründete Ferdinand Mahr in Ljubljana die erste Handelsakademie im damaligen Kaiserreich. Nach dem revolutionären Jahr 1848 erwachte Ljubljana schließlich vollends aus dem wirtschaftlichen Tiefschlaf. Noch in der ersten Hälfte des 19. Jahrhunderts entstand in der Stadt eine Zuckerfabrik (welche später zum Heim zahlreicher Schriftsteller und Poeten wurde und heute zwar denkmalgeschützt, jedoch in einem bedauernswerten Zustand auf bessere Zeiten wartet), eine Papierfabrik und eine Spinnerei, später auch noch eine Tabakfabrik, eine Bierbrauerei und ein Gusswerk. 1849 fuhr der erste Zug von Wien nach Ljubljana, acht Jahre später war die Strecke bis Triest fertiggestellt und somit kam auch der bis dahin rege Flussverkehr zum fast völligen Stillstand. Ljubljana entwickelte sich endgültig zum wirtschaftlichen, politischen und kulturellen Mittelpunkt aller Slowenen. Bei den Wahlen

im Jahr 1867 erreichten slowenische Abgeordnete zum ersten Mal die Mehrheit im Krainischen Landtag, dessen Sitz in Ljubljana war. Somit musste auch die kaiserliche Obrigkeit in Wien zur Kenntnis nehmen, dass das Herzogtum Crain ein mehrheitlich von Slowenen bevölkertes Land war. 1869 zählte Ljubljana 22.593 Einwohner.

Das große Erdbeben

1895 erlebte die Stadt ein katastrophales Erdbeben, der Großteil der Stadt wurde zerstört. Danach wurde sie vorwiegend von österreichischen und tschechischen Architekten fast völlig neu gestaltet. Unter dem wohl berühmtesten Bürgermeister der Stadt, Ivan Hribar, zog schmucker Jugendstil in die Stadt, der wunderbar die alten barocken Gebäude ergänzte und so den Dialog zwischen Nord und Süd nur noch bestätigte. In der Amtszeit von Bürgermeister Ivan Hribar (1896–1910) entstanden technische Errungenschaften wie das Wasserleitungsnetz (1890), das Stromnetz und ein modernes Kanalisationsnetz (1898), die Straßenbahn (1901) und das erste Kino (1907). Die erste Glühbirne leuchtete in Ljubljana 1898, im selben Jahr sah man auf Ljubljanas Straßen auch das erste Automobil.

Erster Weltkrieg

Im Ersten Weltkrieg befand sich Ljubljana im Hinterland der Fronten, vor allem der blutigen Isonzofront, und bekam den Krieg durch Armut und Hunger zu spüren. Im Jahr 1918, nach dem Zerfall der österreichisch-ungarischen Monarchie, wurde Ljubljana zum administrativen, politischen und kulturellen Zentrum Sloweniens im neuen Königreich der Serben, Kroaten und Slowenen (SHS), dem späteren einheitlichen Königreich Jugoslawien. Unter dem Königreich SHS wurden die Universität (1919), die Nationalgalerie (1918) sowie die Akademie der Wissenschaften und Künste (1938) gegründet. In den 30er Jahren entwickelte Ljubljana allmählich ein Großstadtbewusstsein und kapitalkräftige Wirtschaftskreise begannen in prestigeträchtige Bauprojekte zu investieren. So entstand 1933 nach Plänen des Architekten Vladimir Šubic der 70 Meter hohe „Nebotičnik" (Wolkenkratzer), das damals höchste und modernste Gebäude Südosteuropas.

Architekt Jože Plečnik – der weltberühmte Sohn der Stadt

Aufgrund des Ersten Weltkrieges konnten zahlreiche geplante Bauvorhaben der Stadt nicht verwirklicht werden und so übernahm, ergänzte und erneuerte diese Pläne in den 20er und 30er Jahren des 20. Jahrhunderts der weltberühmte Sohn der Stadt – Architekt Jože Plečnik. In dieser Zeit zählte Ljubljana bereits mehr als 80.000 Einwohner. Als Schüler Otto Wagners verband er in seinen Werken den romanischen Barock mit dem Jugendstil. Die Prägung, die er der Stadt verlieh, ist so stark, dass die architektonische Epoche als „Plečniks Ljubljana" bezeichnet wird. Herausragend sind seine Gestaltung der Flussufer an der Ljubljanica und Gradaščica, Brücken über die beiden Flüsse und die urbanistische Verbindung zwischen dem Stadtteil Trnovo und dem Kongresni trg – Kongressplatz. Nach seinen Plänen wurden in der Stadt die Drei Brücken (Tromostovje, 1932), die Kolonnaden am Marktplatz (1940), die Universitätsbibliothek (1941), die Kirche des Hl. Franziskus, das Akademische Kollegium (heute Studentenheim und Theater), das zentrale Stadion, die Friedhöfe Navje und Žale, um nur einige seiner Werke zu nennen, erbaut, die das Stadtbild bis heute entscheidend beeinflussen. Am wichtigsten ist jedoch, dass er „seine Stadt" den Fußgängern widmete, damit diese ihre Stadt auf Schritt und Tritt intim erleben können.

Zweiter Weltkrieg

Im Jahr 1941 wurde Ljubljana von den Italienern, 1943 von den Deutschen besetzt. Um die starke Aktivität der Widerstandsbewegung einzudämmen, umgaben die italienischen Besatzer Ljubljana 1942 mit einer 30 Kilometer langen Stacheldrahtlinie. Heute ist an deren ehemaligem Verlauf ein Spazierweg („Pot spominov in tovarištva" – „Weg des Gedenkens und der Kameradschaft") angelegt, der von den Stadtbewohnern sehr gerne als Fitnessstrecke und Radweg genutzt wird. Die stets von Widerstand geprägte Stadt wurde am 9. Mai 1945 befreit.

Nach dem Krieg wurde Ljubljana zur Hauptstadt Sloweniens, einer der sechs Teilrepubliken der Sozialistischen Föderativen Republik Jugoslawien. Die ersten Nachkriegsjahre waren der industriellen Entwicklung gewidmet, zahlreiche neue Bewohner zogen in die Stadt, so dass sich

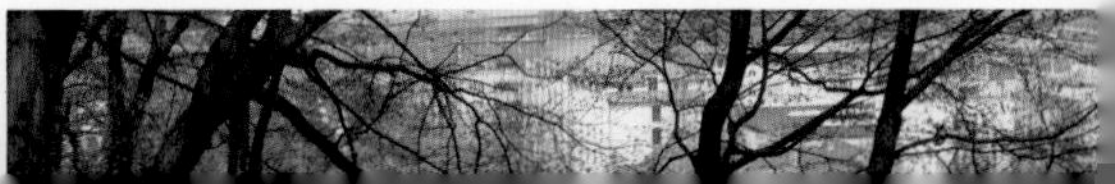

die Stadt ausweitete und eine rasante wirtschaftliche Entwicklung erlebte. Dies dauerte bis Anfang der 70er Jahre des vorigen Jahrhunderts, als die Konzepte des Sozialismus nicht mehr mit der globalen wirtschaftlichen Entwicklung Schritt halten konnten und eine Stagnation einsetzte.

Neubeginn

Bei der Volksabstimmung am 23. Dezember 1990 entschieden sich die Bewohner Sloweniens für einen eigenen, selbständigen und unabhängigen Staat, der am 25. Juni 1991 vor dem slowenischen Parlament am Platz der Republik – Trg republike ausgerufen wurde. Seine Hauptstadt wurde Ljubljana. Es begann eine wahrhafte Erfolgsgeschichte. Hohes Wirtschaftswachstum, geringe Arbeitslosigkeit, EU-Beitritt im Mai 2004 und erfolgreiche Einführung des Euro im Jahr 2007.

2. ZAHLEN UND FAKTEN

Ljubljana, die malerische Hauptstadt und Metropole Sloweniens mit ihrer reichen Geschichte und Architektur, verdankt ihre Bedeutung der geografischen Lage zwischen Alpen und Adriatischem Meer in einem Talbecken an der Mündung der beiden Flüsse Save und Ljubljanica. Das sogenannte „Tor von Ljubljana“, Teil des natürlichen Überganges von Mitteleuropa ins mediterrane Becken und den Osten, war Siedlungsgebiet zahlreicher Völker. Von den Pfahlsiedlungen und Siedlungen der Illyrer und Kelten über die Hauptstadt des Herzogtums Crain, die Herrschaft der Habsburger, Hauptstadt der Illyrischen Provinzen, Königreich der Serben, Kroaten und Slowenen und dann Jugoslawien bis zur Unabhängigkeit des Staates Slowenien war es ein langer, erlebnisreicher, bunter und prägender Weg. Heute ist Ljubljana als Hauptstadt des Landes das politische, universitäre und kulturelle Zentrum der Slowenen, sowie ein wichtiger Wirtschaftsknotenpunkt. Dennoch gelingt es der Stadt, den entspannten Charakter einer kleinen, mediterran angehauchten Stadt mit westeuropäischem Gepräge zu behalten.
Der Fluss Ljubljanica und seine Ufer sind das Herzstück der Stadt. Die im Volksmund auch „Fluss mit den 7 Namen“ genannte Wasserader heißt am Ursprung unter dem Berg Snežnik Trbuhovica, danach Obrh, Stržen, Rak, Pivka, Unica, bis sie dann im Ort Močilnik bei Vrhnika nach einem langen Weg durch die karster Unterwelt wieder an die Oberfläche quillt und zur Ljubljanica wird. 10 Kilometer nordöstlich des Stadtzentrums mündet die Ljubljanica dann in den Fluss Save.

Grüne Stadt

Nicht nur wegen des allgemein aktuellen ökologischen Bewusstseins kann die Stadt als „grün“ bezeichnet werden, sondern vor allem wegen der zahlreichen Grünflächen, dem Stadtpark Tivoli am Hügel Rožnik gelegen, der fast bis ins Zentrum reicht, dem Hügel Golovec, der die Stadt im Süden sanft umarmt, dem Burghügel, der mitten in der Stadt „grüne Zuflucht“ bietet, und auch dem Hausberg Šmarna gora, der auch für anspruchsvollere Freizeitsportler eine Herausforderung ist.
Das heutige Erscheinungsbild von Ljubljana ist teils vom italienischen Barock und teils vom Jugendstil geprägt. Letzterer zeigt sich an zahlreichen nach dem Erdbeben von 1895 entstandenen Gebäuden. Der weltbe-

kannte Architekt Jože Plečnik verlieh seiner Heimatstadt Ljubljana in der ersten Hälfte des 20. Jahrhunderts auch eine starke persönliche Prägung.

Modern und dynamisch auf Pfeilern der Tradition

Ljubljana ist eine jugendliche, moderne, lebendige Stadt, die viel Wert auf Tradition legt und diese geschickt und einfühlsam mit der modernen Zeit verbindet. Ljubljana zieht aber nicht nur Touristen an, sondern mit seiner Universität und den kulturellen Einrichtungen auch zahlreiche Studenten, Wissenschaftler und weltberühmte Künstler.

ALLGEMEINE INFORMATIONEN

Personalausweis der Stadt Ljubljana

- Hauptstadt der Republik Slowenien
- Beheimatet auf 273 km² Fläche 275.000 Einwohner
- Geografische Lage: 46° 03' 20'' Länge, 14° 30' 30'' Breite
- Das Zentrum der Stadt liegt 298 Meter ü.d.M., die Burg von Ljubljana 366 Meter ü.d.M.
- Mitteleuropäische Zeit (GMT+1)
- Telefonvorwahl: +386 1
- Offizielle Amtssprache ist Slowenisch, an den Grenzen zu Italien und Ungarn verwenden die Minderheiten Italienisch und Ungarisch.

Feiertage (arbeitsfreie Tage)

1. und 2. Januar: Neujahr
8. Februar: Prešeren-Tag, slowenischer Kulturtag
Im April: Ostersonntag und -montag
50 Tage nach Ostern: Pfingstsonntag
27. April: Tag des Widerstands gegen die Besatzer
1. und 2. Mai: Tag der Arbeit
25. Juni: Nationalfeiertag
15. August: Mariä Himmelfahrt
31. Oktober: Tag der Reformation
1. November: Totengedenktag (Allerheiligen)
25. Dezember: Weihnachten
26. Dezember: Tag der Selbständigkeit Sloweniens

WIE KOMMT MAN AM BESTEN NACH LJUBLJANA?

Da Ljubljana direkt an der Kreuzung des V. und X. europäischen Verkehrskorridors liegt, welche den Norden mit der Adria und den Osten mit dem Westen verbinden, sind sowohl die Anbindungen auf der Straße und Bahn als auch per Flug sehr gut.

Auf der Straße

erreicht man Ljubljana bequem aus allen Himmelsrichtungen, da auch das Autobahnnetz des Landes gut ausgebaut ist. Man sollte nicht vergessen, dass in Slowenien allgemeine Vignettenpflicht auf Autobahnen herrscht. Daher sollte man diese sofort nach Passieren der Grenze kaufen, da man nur schwer auf Bundesstraßen durch das Land reist und auch sämtliche Umfahrungsstraßen in Städten vignettenpflichtig sind. Tankstellen sind häufig und gut beschildert.
Auch internationale Busverbindungen nach Ljubljana sind gut, da ein reger Busverkehr zwischen dem Balkan und Nordeuropa, nicht zuletzt wegen zahlreicher Migranten aus dem Süden und Osten Europas, besteht. Außerdem gibt es auch gute Verbindungen zu anderen Orten in Slowenien, da der Bus nach wie vor ein beliebtes Transportmittel ist, wenn auch etwas zeitintensiv.

Mit der Bahn

Sowohl die nationalen als auch internationalen Zugverbindungen nach Ljubljana sind gut, was erneut auf die Kreuzung des V. und X. europäischen Verkehrskorridors zurückzuführen ist. Züge fahren in alle Nachbarländer und haben eine gute internationale Anbindung.

Per Flugzeug

Ljubljanas Flughafen „Jože-Pučnik-Flughafen Ljubljana“, der größte und zentrale Flughafen des Landes, liegt knapp 26 Kilometer bzw. 20 Minuten Autofahrt vom Stadtzentrum entfernt. Von dort bringt Sie ein Taxi um zirka € 40 oder ein regelmäßiger kostengünstiger Shuttleservice, z. B. Prevozi Markun, Tel. +386 51 321 414, www.prevozi-markun.com, zu verschiedenen Standorten in die Innenstadt. Es gibt auch eineBusverbindung (Mo bis Fr 5–20 Uhr zu jeder vollen Stunde; Sa, So, Feiertage 7–20 Uhr alle zwei Stunden), die Fahrt ins Stadtzentrum dauert 45 Minuten.

FORTBEWEGUNG IN DER STADT

Da die Stadt eine übersichtliche Größe hat, ist es sehr einfach, von einem Ort zum anderen zu gelangen. Den richtigen Puls erlebt man zu Fuß oder mit dem Rad. Für touristische Besichtigungen bieten sich aber auch Schifffahrten auf dem Fluss Ljubljanica oder Fahrten mit einem Heißluftballon an. Informationen zu beiden Varianten bekommt man in der städtischen Tourismusinformation.

Städtische Busse

Mit den Bussen des städtischen Busunternehmens LPP kann man durch ganz Ljubljana fahren. Die meisten Zeitungskioske und Zeitungsläden, die Postämter und die Verkaufsstellen des Busunternehmens LPP verkaufen die Stadtkarte URBANA, die mit einem bestimmten Betrag aufgeladen werden kann und in den Bussen automatisch gelesen wird. Die Stadtbusse, auch „zelenci" (die Grünen) genannt, sind nummeriert und fahren auf 22 Linien. Alle Linien sind übersichtlich auf jeder Busstation gekennzeichnet. Der Großteil der Linien fährt zwischen 5 und 22.30 Uhr.

Die Stadt mit dem Fahrrad erkunden

Aufgrund des günstigen Klimas der Stadt kann man den Großteil des Jahres das Fahrrad verwenden. Im Rahmen des vom Ljubljana Tourist Board organisierten Projektes „Fahrrad für Ljubljana" kann man sich von 1. April bis 31. Oktober an mehreren Standorten in der Stadtmitte ein Fahrrad leihen. Miete für 2 Stunden: € 1; pro Tag € 5; mit Ljubljana-Card gratis für 4 Stunden (Verleihstelle STIC, Krekov trg; markante grünweiße Fahrräder „Ljubljana Bike").

Taxi

In Ljubljanas Stadtmitte wie auch vor den meisten Hotels findet man problemlos ein freies Taxi. Diese haben zwar noch keine einheitliche Farbe, sind aber alle mit dem internationalen gelb-schwarzen Taxizeichen gekennzeichnet. Es ist sicherlich die bequemste, wenn auch nicht gerade billigste Transportart. Die Taxifahrer sprechen meist mehrere Sprachen und geben gerne Hinweise zur Stadt.

Taxi-Verein Ljubljana: Tel. +386 1 234 9000
Taxi Dama – Taxi für Damen und Kinder: Tel. 080 30 04 (kostenloser Anruf)
Dieses rosa Taxi ist ausschließlich Damen und Kindern gewidmet, wird von Damen gefahren und hat auch einen Kindersitz. Ausgestattet ist es zusätzlich mit einem stillen Alarm und einer Satellitenverfolgungsanlage.

Mit dem Auto in Ljubljana

Ljubljanas Einfallstraßen sind nach den Orten benannt, aus deren Richtung sie nach Ljubljana führen: Tržaška cesta (Triester Straße), Celovška cesta (Klagenfurter Straße), Dunajska cesta (Wiener Straße) und Dolenjska cesta (Unterkrainer Straße).
Alle führen direkt in die Stadtmitte, wo man das Auto auf einem öffentlichen Parkplatz, in blauen Zonen (sind alle mit elektronischen Parkscheinautomaten ausgestattet) oder in einem der zahlreichen Parkhäuser parken kann.
Parkhaus Kozolec, Kersnikova ulica 10, Tel. +386 1 432 31 71
Parkhaus Metelkova, Metelkova ulica 11, Tel. +386 1 300 06 80
Parkhaus Šentpeter, Zaloška cesta 1, Tel. +386 1 430 59 02
Parkhaus Šubičeva, Šubičeva cesta 3a, Tel. +386 1 251 36 00 (Stadtmitte)
Parkhaus Trdinova, Trdinova ulica 9, Tel. +386 1 230 96 00 (Stadtmitte)
Parkplatz Kongresni trg – Kongressplatz (Stadtmitte)
Parkplatz Krekov trg (Stadtmitte)
Parkplatz Petkovškovo nabrežje (Stadtmitte)
Park & Ride Parkplätze der Stadt:
P+R Parkplatz Dolgi most (am Stadtrand)

ALLGEMEINE TOURISMUSINFORMATIONEN

TIC – TOURISTISCHES INFORMATIONSBÜRO DER STADT LJUBLJANA
Stritarjeva ulica
1000 Ljubljana
Tel. +386 1 306 12 15
tic@visitljubljana.si
www.visitljubljana.si
Juni bis September 8–21 Uhr
Oktober bis Mai 8–19 Uhr

TIC – TOURISMUSINFORMATIONEN AM BAHNHOF

Trg OF 6
1000 Ljubljana
Tel. +386 1 433 94 75
ticzp@visitljubljana.si
www.visitljubljana.si
Juni bis September 8–22 Uhr
Oktober bis Mai 10–19 Uhr
samstags 8–15 Uhr
sonntags und an Feiertagen geschlossen

TIC – TOURISMUSINFORMATIONEN AM FLUGHAFEN

Flughafen Jože Pučnik
ticairport@visitljubljana.si
täglich 11–17.30 Uhr

STIC – SLOWENISCHES TOURISTENINFORMATIONSZENTRUM

Krekov trg 10
1000 Ljubljana
Tel. +386 1 306 45 75
stic@visitljubljana.si
www.visitljubljana.si
6. Jänner bis 31. Mai 9–17 Uhr
1. Juni bis 30. September 8–21 Uhr
samstags, sonntags und an Feiertagen geschlossen

LJUBLJANA CARD – TOURISTISCHE BESUCHERKARTE MIT VIELEN VERGÜNSTIGUNGEN

Die Besucherkarte LJUBLJANA CARD, mit der man zahlreiche Vergünstigungen in der ganzen Stadt genießen kann, erhält man in den touristischen Informationszentren. Die Karte kostet € 12,52 und gilt 72 Stunden. Unter anderem bietet sie: kostenlosen Bustransfer mit allen grünen Stadtbussen, kostenlose Eintritte in Museen und Galerien, einen Stadtführer und bis zu 35 % Rabatt in Hotels, bei Veranstaltungen, in Geschäften und mehr.

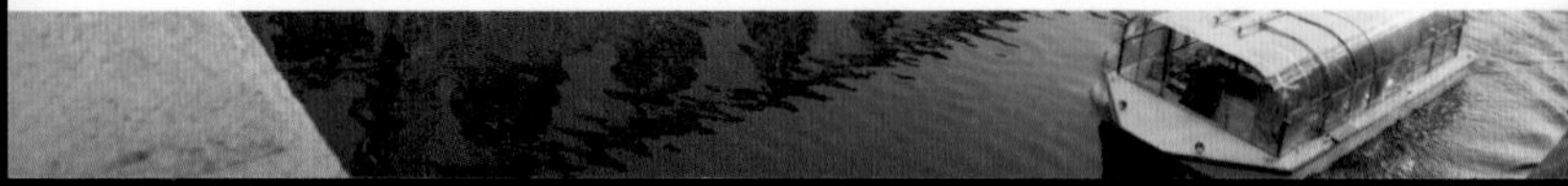

ZAHNRADBAHN AUF DIE BURG
Verbindet den Krekov trg – Krek-Platz mit der Burg von Ljubljana
Tel. +386 1 306 42 00
Mobil: +386 31 476-565
vzpenjaca@lpt.si
Sommerfahrplan: 1. Mai bis 30. September 9–23 Uhr
Winterfahrplan: 1. Oktober bis 30. April 10–21 Uhr
Fährt im 10-Minuten-Takt
Preise: Hin- und Retour € 3; hinauf € 1,80; hinunter € 1,50

BUSBAHNHOF
Avtobusna postaja Ljubljana
Trg OF
1000 Ljubljana
Tel. +386 1 234 46 00
www.ap-ljubljana.si
täglich 5.30–22.30 Uhr

POST
Hauptpost
Slovenska 32
1000 Ljubljana
Tel. +386 1 426 46 68
www.posta.si
Mo, Di, Mi, Do, Fr 7–20 Uhr
Sa 7–13 Uhr
So geschlossen

ALLGEMEINE GESCHÄFTSZEITEN:
meist von 8 oder 9 Uhr bis 20 Uhr, auch samstags. Viele Geschäfte haben auch sonntags geöffnet.

BANKEN
Mo, Di, Mi, Do, Fr 9–12 und 14–16.30/17 Uhr
Sa, So, feiertags geschlossen

APOTHEKE

non-stop

Lekarna pri polikliniki, Prisojna 7, Tel. +386 1 23 06 230

NOTRUFNUMMERN

Polizei: 113

Rettung: 112

Feuerwehr: 112

Automobilclub: 1987

Zentrale Polizeistation, Trdinova 10, Tel. +386 1 475 06 00

Notaufnahme, Bohoričeva 4, Tel. +386 1 522 84 08

Zentralklinik Ljubljana, Zaloška 2-7, Tel. +386 1 522 50 50

Zahnambulanz, Kotnikova 36, Tel. +386 1 300 96 74

TOURISTISCHES RADIO

STR - Slovenian Tourist Radio:

87.6 / 89.2 / 91.1 / 102.4 / 102.8 MHz

24 Stunden in deutscher und englischer Sprache; alle wichtigen Nachrichten, Verkehrsnachrichten, Wetter usw.

KULTURZENTRUM CANKAR – CANKARJEV DOM

Prešernova 10

Tel. +386 1 241 71 00

www.cd-cc.si

täglich 11–13 und 15–20 Uhr, sowie 1 Stunde vor den Vorstellungen

samstags 11–13 Uhr

KARTENBÜRO FESTIVAL LJUBLJANA

Trg francoske revolucije 1 (Križanke)

Tel. +386 1 241 60 26

www.ljubljanafestival.si

Mai bis September 10–20 Uhr

Oktober bis April 10–18 Uhr

samstags 10–13 Uhr

sowie 1 Stunde vor den Vorstellungen

EINKAUFSCITY

BTC City, Šmartinska 152, Tel. +386 1 585 22 22

BTC – wahrhafte Einkaufscity –, eine kleine Stadt in der Stadt, entstanden aus alten Warenlagern, die bereits in den 50er Jahren des vorigen Jahrhunderts zwecks sogenannter „Pflichtwarenreserven des Landes" erbaut wurden, vereint es heute mehr als 500 Geschäfte, Einkaufszentren, Kinos, ein großes Schwimmbad- und Wellnesszentrum, Kartingbahnen, Restaurants, Markthallen u. v. m. Jährlich besuchen die kleine Stadt in der Stadt über 21 Mio. Kunden aus dem In- und Ausland.

AM UFER DER LJUBLJANICA

3. SEHENSWÜRDIGKEITEN VON A BIS Z

A

ARGENTINSKI PARK – DER ARGENTINISCHE PARK

Dieser hieß in jugoslawischen Zeiten Lenin-Park und wurde vom Architekten Danilo Fürst geplant. Grundüberlegung bei der Errichtung des Parks war es, mehr Grün ins Stadtzentrum zu bringen.
Mitte der 1990er Jahre, kurz nach der Selbständigkeit Sloweniens, beschlossen Slowenien und Argentinien ihre Kontakte zu intensivieren. Eine Straße in Buenos Aires wurde nach Slowenien benannt und Argentinien schenkte dem jungen Staat Slowenien eine Statue des Hl. Martin. Slowenien wollte diese in dem damals eigens dafür umbenannten Argentinischen Park aufstellen, doch in der Öffentlichkeit entflammte darüber eine heiße Diskussion. Erst als die argentinische Regierung, enttäuscht von der slowenischen Haltung gegenüber dem argentinischen Nationalhelden, diese zurückforderte, war die Diskussion beendet und es kam nie dazu, der Name jedoch blieb.

B

BAVARSKI DVOR – BAYRISCHER HOF

nennt sich der Bereich zwischen den Straßen Tivolska und Gosposvetska, sowie dem Platz in der Nähe des Bahnhofs. Der Name stammt von einem gleichnamigen Gasthof, der einst dort stand und anlässlich des Besuches der österreichischen Kaiserin Elisabeth in Ljubljana nach dem Bayrischen Hof benannt wurde, von dem sie stammte.
Der Bayrische Hof ist zugleich auch der wichtigste Knotenpunkt der städtischen Busse, die ganzjährig zwischen 3.15 Uhr und 24 Uhr fahren.

BOTANIČNI VRT – BOTANISCHER GARTEN (IŽANSKA CESTA 15)

Der Botanische Garten von Ljubljana wurde 1810 gegründet und man findet darin über 4.500 verschiedene Arten von Pflanzen, wovon ein gutes Drittel autochthon ist. Der Botanische Garten dient auch als beliebter Spazierweg.

C

CANKARJEV DOM – KULTURZENTRUM CANKAR (PREŠERNOVA CESTA 10)

Der Bau des Kulturzentrums war sicherlich das größte Investitionsabenteuer im kulturellen Bereich des vorigen Jahrhunderts. Der Bau begann im Frühjahr 1978 und zwei Jahre danach waren im Linhart-Saal bereits die ersten Vorstellungen. Bis 1982 wurden auch die restlichen Säle fertiggestellt, bis 1984 schließlich die Bühne des größten Saals, des Gallus-Saals. Die Fertigstellung war von großer Bedeutung für Slowenien, denn endlich gab es ein Kulturzentrum, in dem man sowohl Vorstellungen größeren Ausmaßes präsentieren als auch Kongresse, Symposien und Messen abhalten konnte. Im ersten Jahr nach dem Bau veranstalteten Schulen aus ganz Slowenien sogar sogenannte Kulturtage, an denen man nach Ljubljana reiste, um das neue Zentrum zu besichtigen. Das Kulturzentrum Cankar zog und zieht nach wie vor internationale Ensembles verschiedenster Kulturrichtungen an, die hier Gastvorstellungen geben, und erfreut sich anhaltend großer Beliebtheit. Nicht zuletzt ist der Bau indirekt dem rumänischen Dirigenten Sergiu Celibidache zu verdanken, der Mitte der 70er Jahre in der Slowenischen Philharmonie ein Konzert dirigierte bzw. zu dirigieren versuchte, jedoch von den alten, quietschenden Stühlen gestört wurde. Danach beschwerte er sich sehr vehement über diese Zustände. Damals gab es nämlich in der Slowenischen Philharmonie angeblich immer zwei Konzerte, das erste fand auf der Bühne statt und das zweite ergab die „Musik" der quietschenden Stühle.

CERKEV SV. CIRILA IN METODA – KIRCHE DES HL. KYRILL UND METHOD (SERBISCH-ORTHODOXE KIRCHE, PREŠERNOVA CESTA)

Gegenüber der Modernen Galerie und gleich am Eingang zum Stadtpark Tivoli steht die Kirche der serbisch-orthodoxen Glaubensgemeinschaft, die den Hl. Kyrill und Method geweiht ist. Erbaut wurde die Kirche 1936 nach Plänen des serbischen Architekten Momir Korunović. Die Kirche hat fünf Kuppeln, an jeder Spitze befindet sich ein goldenes Kreuz. Das Innenleben von orthodoxen Kirchen ist meist karg. Hinter der Bilderwand (Ikonostase) befindet sich der Hauptaltar, zu dem die weibliche Welt keinen Zutritt hat. Kennzeichnend für die serbisch-orthodoxe Kirche ist auch die Verwendung des julianischen Kalenders, daher fallen ihre Feiertage immer etwas später als in der römisch-katholischen Kirche und einigen anderen orthodoxen Kirchen.

CERKEV SV. MIHAELA – KIRCHE DES HL. MICHAEL (ČRNA VAS NA BARJU / ČRNA VAS AM MOOR)

Die Kirche des Hl. Michael in Črna vas (Schwarzes Dorf) am Moor von Ljubljana zählt zu den sakralen Arbeiten Plečniks. Die römisch-katholische Kirche ist aus den Materialien Holz und Stein gebaut und besitzt einen markanten offenen Glockenturm.

ČEVLJARSKI MOST – SCHUSTERBRÜCKE

Die Stelle, an der heute die Schusterbrücke steht, war seit jeher ein wichtiger Knotenpunkt der Stadt. Zunächst war hier die Obere Brücke (im Gegensatz zur Unteren Brücke nahe der Franziskanerkirche), welche die älteste Brücke in Ljubljana war und den Stadtplatz, den Alten Platz und den Neuen Platz verband. Wegen der engen Zugänge vom Neuen Platz wurde diese breite Brücke für wirtschaftliche Zwecke genutzt, und zwar zunächst von den Fleischermeistern, die von der alten Fleischerbrücke hierherzogen und somit dieser Brücke auch einen neuen Namen gaben – Fleischerbrücke.

Mit der Erweiterung der Stadt konnte die Fleischerbrücke ihren alten Verwendungszweck nicht mehr erfüllen, da das Wasser, in dem das Fleisch gewaschen und geputzt wurde, durch das Stadtzentrum floss und somit die Gefahr von Epidemien zu groß war. Im Jahr 1614 zogen die Fleischer an den Fluss unter der Kirche des Hl. Nikolaus und auf dieser Brücke zogen die Schuster ein, die dort ihre Werkstätten hatten. Seither ist die Brücke als Schusterbrücke bekannt.

Im 19. Jahrhundert wurde die alte Holzbrücke durch eine Gusseisenbrücke ersetzt, Ende der 20er und zu Beginn der 30er Jahre des 20. Jahrhunderts zeichnete Plečnik Pläne für eine neue Betonbrücke, die das Aussehen der alten Schusterbrücke mit Werkstättenständen wiederherstellen sollte. Die Brücke wurde im Jahr 1931 erbaut. Die alte gusseiserne Brücke wurde an einen neuen Standort bei der heutigen Gebärklinik übersiedelt.

D

DRAMA – DEUTSCHES THEATER (ERJAVČEVA 1)

Das Theater Drama wurde nach Plänen des Wiener Architekten Alexander Graf in den Jahren 1909 bis 1911 gebaut. Der Bau wurde vom deutschen Teil der Stadtbewohner von Ljubljana finanziert, im Gebäude befand sich das Deutsche Theater. Während des Ersten Weltkrieges wurde das Gebäude zum Kino umfunktioniert, 1919 wurde es zum Slowenischen Nationaltheater. Im Foyer findet man Büsten der Gründer des slowenischen Theaters Fran Levstik, Ivan Cankar, Anton Tomaž Linhart und Oton Župančič.

E

ELEKTRARNA – KRAFTWERK (SLOMŠKOVA 18)

Das städtische Kraftwerk, die erste slowenische Stromproduktionsstätte, wurde im Jahr 1895 am damaligen Stadtrand gebaut.
Strom wurde darin bis in die 60er Jahre des vorigen Jahrhunderts produziert. Heute ist es ein wichtiger Kulturtreff der Stadt, unter anderem auch Bühne für moderne Tanzkunst. Das Gebäude liegt an der Ecke der Gassen Kotnikova ulica und Slomškova ulica und besticht durch seine Ziegelfassade und den unverwechselbaren Industriecharakter.

EMONA / RIMSKE IZKOPANINE – EMONA / RÖMISCHE AUSGRABUNGEN (MIRJE)

Der südwestliche Teil der Stadtmauer des antiken Emona ist heute noch erhalten. Angeblich wurde der Grundstein von Kaiser Augustus 14 v. Chr. persönlich gelegt. Unweit der Überreste der Mauer liegt der Jakopič-Garten, wo Mauerreste zweier römischer Villen ausgegraben wurden, und vielleicht sind dies ja die Villen jener Bewohner von Emona, mit denen einst der Hl. Hieronymus in Briefwechsel stand. Wenn man heute entlang der Reste der römischen Mauer spaziert, sieht man nicht selten Kletterer, die sie, wahrscheinlich auch aufgrund ihrer Struktur, als Übungsplatz verwenden.

OWENISCHE PHILHARMONIE

F

FILHARMONIJA – DIE SLOWENISCHE PHILHARMONIE (KONGRESNI TRG 10)

Die Slowenische Philharmonie ist die zentrale slowenische Musikinstitution mit einer reichen Tradition europäischen Ranges. In der Saison 2001–2002 feierte sie bereits ihr 300. Jubiläum. Unter ihren Fittichen stehen das Symphonische Orchester der Slowenischen Philharmonie und der Slowenische Kammerchor.

Die Philharmonische Gesellschaft hatte zunächst ihre Räumlichkeiten im Gebäude des Landestheaters, das sich an Stelle der heutigen Philharmonie befand. Das halb aus Holz erbaute Gebäude mit

800 Sitzplätzen wurde 1765 an Stelle einer alten Reitschule erbaut und brannte 1885 zur Gänze nieder. Zwei Jahre später gab es eine Ausschreibung und bis 1891 erbaute man ein Palais, das Architekt Adolf Wagner plante.

Die Slowenische Philharmonie – Academia Philharmonicorum Labacensis ist der Titel der Standesvertretung der Musiker von Ljubljana im 18. Jahrhundert. Formell wurde sie 1701 gegründet und hatte ähnliche italienische Akademien als Vorbild. In dieser Standesvertretung gab es sowohl slowenische als auch österreichische und deutsche Mitglieder aus den Reihen der Adeligen und städtischen Intellektuellen. Sie pflegten die Liebe zur Musik und widmeten sich besonders dem Orchester. Die Academia Philharmonicorum ist die erste Vorgängerin der heutigen Slowenischen Philharmonie.

FRANČIŠKANSKA CERKEV – FRANZISKANERKIRCHE (PREŠERNOV TRG)

Der ursprüngliche Name der Kirche lautet eigentlich Kirche Mariä Verkündigung. Sie ist eine der meistbesuchten Kirchen Ljubljanas, was nicht zuletzt auf ihre zentrale Lage zurückzuführen ist. Sie ist gleichzeitig die Pfarrkirche der Pfarre Ljubljana Mariä Verkündigung.

Erbaut wurde die Kirche in den Jahren 1646 bis 1660 an Stelle einer älteren Kirche. Die beiden Glockentürme folgten später. Die Kirche wurde im Stil des Frühbarocks mit einem Kirchenschiff und zwei Laterankapellen erbaut. Der barocke Hauptaltar ist von Francesco Robba (1698–1757 – von ihm stammt auch der Brunnen vor dem Rathaus), die Deckenfresken von Matej Sternen (1870–1949).

Neben der Kirche steht das Franziskanerkloster mit Garten, das ziemlich eingeengt zwischen dem Prešernov trg – Prešeren-Platz und den Straßen Čopova und Nazorjeva liegt. Im Kloster befindet sich eine berühmte Bibliothek mit 70.000 Exemplaren von historischem Wert. Als Gründungsjahr des Klosters gilt das Jahr 1233, als sich in Ljubljana die ersten Brüder des Hl. Franziskus niederließen und auf dem heutigen Vodnikov trg – Vodnik-Platz ihr erstes Kloster errichteten.

G

GRAD – BURG

Die Burg von Ljubljana, die über der Stadt thront, wird zum ersten Mal im Jahr 1144 erwähnt, damals als Sitz der Kärntner Herzöge Spanheim, die hier ihre Münzen prägten. Archäologische Ausgrabungen beweisen jedoch, dass der Schlossberg bereits seit 1200 v. Chr. besiedelt war.

Die ursprüngliche Form der Burg wurde im 15. Jahrhundert verändert, als diese mit einer durchgehenden Ummauerung und Scharwachtürmen sowie zwei Eingängen über Zugbrücken und der Burgkapelle ausgebaut wurde. Im 16. und 17. Jahrhundert kamen dann sukzessive die restlichen Objekte hinzu. Da die Burg zunehmend ihre Verwaltungsfunktion einbüßte und ihre strategische Bedeutung verlor, wurde ihre Erhaltung zu einer enormen finanziellen Belastung und sie begann in der Folge zu verfallen. Auf der Burg wohnten nämlich keine Herrscher oder Landesverwalter, die Einfluss hatten. Zu Beginn des 19. Jahrhunderts errichtete man in der Burg eine Strafanstalt und militärische Festung, und damit war die Beliebtheit der Burg bei den Stadtbewohnern zur Gänze erloschen.

Die Stadtgemeinde von Ljubljana kaufte 1905 die Burg und siedelte ärmere Bewohner an. Diese blieben bis Mitte der 60er Jahre des 20. Jahrhunderts, erst danach begann die Restaurierung der Burg.

Es dauerte mehr als 35 Jahre, bis die Burg ihre heutige, noch immer nicht zur Gänze restaurierte Form erhielt. Die Burg ist eine beliebte Hochzeitsstätte, sie bietet Raum für protokollarische Veranstaltungen und erfreut auch Kulturliebhaber mit verschiedensten Aus- und Vorstellungen. Außerdem hat man von der Burgmauer und dem Aussichtsturm die schönste Aussicht über die Stadt und sieht bei schönem Wetter bis zu den Alpen und weit über das Moor.

In unmittelbarer Nähe der Burg findet man auch das Denkmal an die bäuerlichen Aufständischen, nach denen auch die (asphaltierte) Burgstraße benannt wurde.

K

KAZINA – KAZINA (KONGRESNI TRG 1)

Das Gebäude Kazina steht am nördlichen Rand des Kongressplatzes und wurde in den Jahren 1836 bis 1838 erbaut. Die Kazina ist eines der schöneren neoklassizistischen Bauwerke der Stadt. Es war dem geselligen Beisammensein höherer Gesellschaftsschichten gewidmet. Der Klub Kazina, der auch den Bau in Auftrag gab, organisierte darin Treffen, Bälle und andere Veranstaltungen. Im Parterre war Platz für ein Kaffeehaus mit Restaurant, im 1. Stock waren die Klubräume.
Während der nationalen Teilung Ende des 19. Jahrhunderts war die Kazina Festung der Deutschen, da sich hier der deutsche Teil der Stadtbewohner versammelte. Außerdem war im Gebäude auch ein Offiziersklub. Nach dem Zerfall der österreichisch-ungarischen Monarchie wurde sie zum Treffpunkt jugoslawischer liberaler Kreise.
Während des Krieges wurde die Kazina von Besatzern übernommen und das Klubleben kam zum völligen Stillstand. Damals waren dort die Kommandostelle, der Pressedienst und Ähnliches untergebracht. Nach dem Zweiten Weltkrieg hat der Klub Kazina das Gebäude unter dubiosen Umständen um ein Zehntel des Wertes an die kommunistische Partei Sloweniens verkauft. Eine Zeit lang war dort auch die Volksversammlung der Sozialistischen Föderativen Republik Slowenien, was ein Wappen im großen Saal bezeugt.
Heute sind in der Kazina das Institut der neueren Geschichte, die beliebte Tanzschule Kazina, Büros des Nationaltheaters und der Sitz der Akademischen Folkloregruppe France Marolt sowie des Archivs der Republik Slowenien untergebracht.

KONGRESNI TRG – KONGRESSPLATZ

Den Kongressplatz gab es als teilweise offenen Platz bereits in der Barockzeit. Für die Bedürfnisse des Kongresses der Heiligen Allianz, der in Ljubljana stattfand, wurde der Platz an Stelle des abgerissenen Kapuzinerklosters erweitert. Die Parkanlagen wurden nach dem Kongress angelegt, die heutige Gestaltung mit den Pappeln ist von Jože Plečnik aus der Zeit vor dem Zweiten Weltkrieg. Nach seinen Plänen wurde auch der offene Platz, der heutige Parkplatz, gepflastert.

URG

Den Großteil des Platzes nimmt heute der Park Zvezda – Sternpark ein, der seinen Namen der symmetrischen sternförmigen Ausrichtung der Wege im Park verdankt.

Im Park steht neben einem Muskipavillon auch ein Anker, der als Dank des slowenischen Kapitäns Branko Velkaverh im Jahr 1954 nach dem Anschluss der Region Primorska zum Mutterland hier aufgestellt wurde. Zuvor stand hier ungefähr ein Jahr lang ein Bronzedenkmal des jugoslawischen Königs Alexander I. Karađorđević zu Pferd, welches jedoch die Italiener nach der Besetzung während des Zweiten Weltkrieges entfernten.

Markante Gebäude rund um den Platz sind Kazina, Slowenische

Philharmonie, Dreifaltigkeitskirche sowie das Ursulinenkloster. Im Westen wird der Platz von der Slowenische Straße – Slovenska cesta begrenzt, im Norden von der Verlängerung der Šubičeva cesta – Šubič Straße.

KOZOLEC – HEUHARFE (SLOVENSKA CESTA)

Das prägnante Wohn- und Geschäftsgebäude im Stadtzentrum bekam nach Fertigstellung aufgrund seiner Lage an der ehemaligen Titova, heute Slovenska Straße, den Namen Titos Block. Den Namen Heuharfe erhielt es bereits während des Baus, da der Skelettbau in einer damals weit unbebauten Umgebung an die typische slowenische Heuharfe erinnerte, und unter diesem Namen ist das Gebäude auch heute noch bekannt.

KRAKOVSKI NASIP – DER KRAKAU-DAMM

Krakau – Krakovo lag am linken Ufer der Ljubljanica, vor den südlichen Toren des Neuen Platzes. Die Stadtbewohner waren von den restlichen Bewohnern durch eine Stadtmauer getrennt. Die Bewohner der Dörfer der Umgebung, die auch vom Stadtrichter beherrscht wurden, hatten keine Stadtrechte und lebten als Bauern und kleine Gewerbetreibende. Dies ist die älteste Vorstadt, die bis heute ihre mittelalterliche Form beibehielt. Zwar wird Krakovo als Siedlung erst 1450 (in der Krakaw) erwähnt, der Aufbau zeugt jedoch von einem älteren Datum. Als älteste Belege gelten Dokumente aus den Jahren 1271, 1277 und 1280. Damals sollen die Kreuzherren sechs Höfe an der Kleinen Ljubljanica (Fluss Gradaščica) gekauft haben, später dann noch Grundstücke vor Gradišče. Diese sechs Höfe an der Gradaščica aus dem Jahr 1271 sind jedenfalls die ersten und ältesten sechs Häuser von Krakovo. Später kamen Untertanen der Kreuzherren hinzu, denen im 15. Jahrhundert Fischer folgten, und dies soll auch belegen, dass Krakovo geplant besiedelt wurde. Die Bewohner von Krakovo haben am Ufer Breg Ladearbeiten verrichtet und warteten im Gasthof zum Goldenen Fisch, der im Volksmund „Schiffwirt“ genannt wird, auf Aufträge.

Als im Jahr 1472 die Türken die Stadt belagerten, haben die Stadtbewohner den Großteil der Häuser vor den Toren niedergerissen, um den Türken keine Stützpunkte zu geben.

Das heutige Aussehen erhielt Krakovo nach den katastrophalen Feuern in den Jahren 1770, 1774 und 1798. Damals zählte Krakovo 81 Objekte und 617 Bewohner, Ljubljana hatte 938 Objekte und 10.047 Einwohner. Nachdem die Fischerei keinen Ertrag mehr brachte, begannen die Bewohner in Krakovo Gemüse anzubauen und da sie das ganze Jahr über Gemüse züchteten, versorgten sie bald ganz Ljubljana mit ihrer Ware. Von der Bekanntheit und Beliebtheit des Gemüses aus Krakovo zeugt auch ein Verbot der Polizeidirektion aus dem Jahr 1802, welches besagte, dass die Krakauerinnen nicht vor 4 Uhr früh auf den Marktplatz durften. Viele von ihnen kamen nämlich schon kurz nach Mitternacht und besetzten die besten Verkaufsflächen.
Neben dem frischen Gemüse war auch Sauerkraut ein wichtiger Handelsfaktor, der Handel begann um 1840.
Ende des 18. und zu Beginn des 19. Jahrhunderts wurde die mittelalterliche Stadtmauer abgerissen, wodurch sich die Stadt ungehindert ausweiten und mit den Vororten verbinden konnte. Krakovo hat sich trotz der Übernahme städtischer Funktionen nicht verändert und bis heute das mittelalterliche Aussehen beibehalten.
Heute ist Krakovo großteils eine Wohngegend, nur ein kleinerer Teil der Bewohner züchtet noch Gemüse, man findet auch den einen oder anderen Kleingewerbetreibenden. Die wenigen Krakauerinnen und Bewohnerinnen des benachbarten Stadtteils Trnovo, die sich nach wie vor mit dem Gemüseanbau beschäftigen, haben im Volksmund den Namen „Salatmütter aus Trnovo“ (trnovske solatarice), da sie auch heute noch ihr Gemüse mit traditionellen typischen Holzwägen (genannt „cize“) auf den Marktplatz bringen.

KREKOV TRG – KREK-PLATZ

Der Krek-Platz ist der Platz vor dem Theatergebäude des St. Jakobs Theaters und wurde 1816 erbaut, nachdem die Stadtmauer abgerissen wurde und ein freier Platz entstand. Zunächst wollte man eine Baumschule ansiedeln, dann wurde er aber doch zum Marktplatz und bekam auch seinen ersten Namen, nämlich Marktplatz. Nachdem der Bauernmarkt auf die gegenüberliegende Straßenseite auf den größeren Vodnikov trg – Vodnik-Platz wechselte, wurde der Platz 1876 Kaiser-Josef-Platz und im Jahr 1918 König-Peter-Platz benannt. Erst seit 1919 heißt er Krekov trg – Krek-Platz. Heute fährt von diesem Platz zur Burg eine Zahnradbahn.

KRIŽANKE – KREUZRITTERKLOSTER (TRG FRANCOSKE REVOLUCIJE 1)

ist der Name des ehemaligen Klosters der deutschen Kreuzritter und des ehemaligen Priesterseminars in Ljubljana. Der Architekt Jože Plečnik hat es in den 50er Jahren des vorigen Jahrhunderts zu einem Ort für Konzerte und Festivals umgestaltet und auch zu einem der akustisch schönsten Freilufttheater Sloweniens gemacht.
Das Foyer besticht durch Sgraffito-Figuren an den Wänden und Bodenplatten, die ein einheitliches Raster bilden. Am malerischsten ist das Höllenfoyer – Peklensko dvorišče, das Plečnik zunächst der Kammermusik widmete. Er legte ein Netz von Lichtern, welche die Illusion eines Sternenhimmels zaubern. Der Rittersaal – Viteška dvorana ist ein weiterer Veranstaltungssaal, der im ehemaligen Klosterrefektorium seinen Platz gefunden hat. Die Hauptbühne und der Zuschauerplatz sind mit einer mobilen Dachstruktur überdacht, die Veranstaltungen auch bei schlechtem Wetter ermöglicht. Der Ort wird im Sommer für das Sommerfestival von Ljubljana wie auch für zahlreiche andere Veranstaltungen genutzt.
Zum Komplex Križanke gehört auch eine Kirche, die von Guido von Starmberg in den Jahren 1714–15 erbaut wurde. Von der originalen gotischen Kirche blieb fast nichts, die barocke Nachfolgerin wurde nach den Plänen des venezianischen Architekten Domenico Rossi erbaut. Ihre Struktur hat die Form eines griechischen Kreuzes und war die erste derartige Kirche in Slowenien. Bis zum Jahr 1897 wurde Križanke von einem Ordensbruder-Laien geleitet, danach gründete der Komtur ein Konvent für Priester und Theologen. Bis zum Zweiten Weltkrieg diente der Komplex dem Klosterleben, seit dem Umbau von Plečnik in den 50er Jahren des 20. Jahrhunderts dient es kulturellen Veranstaltungen.
Križanke ist Plečniks größtes Werk nach dem Zweiten Weltkrieg und gleichzeitig auch sein letztes, weshalb es noch größere Verantwortung bei der Erhaltung dieses historischen und architektonischen Denkmals verlangt.

ATHAUS

L

LEVSTIKOV TRG – LEVSTIK-PLATZ

Levstikov trg wurde nach dem slowenischen Schriftsteller Fran Levstik benannt. Am Alten Platz stand ein Jesuitenkollegium, das 1774 abbrannte, und anstatt den Freiraum wieder zu verbauen, schaffte man einen Platz, den man zunächst nach der nahen St. Jakobskirche St.-Jakobs-Platz nannte. Die heutige Form erhielt der Platz in den Jahren 1926–27, als er, wie so viele andere, vom Architekten Jože Plečnik umgebaut wurde.

M

MESTNA HIŠA – RATHAUS (MESTNI TRG 1)

Das Rathaus von Ljubljana wurde im späten 15. Jahrhundert von Peter Bezlaj erbaut. Die heutige Form erhielt es in den Jahren 1717 bis 1719. Damals wurde es von Gregor Maček sen. umgebaut. Svetozar Križaj baute das Rathaus 1963 erneut um.

MESTNI MUZEJ – STADTMUSEUM (GOSPOSKA 15)

Das Palais Auersperg war Heim einer der reichsten adeligen Familien im Lande Krain. Das Gebäude, das noch heute Ljubljana ziert, entstand in den Jahren 1654 bis 1658 aus dem Umbau von mittelalterlichen Häusern. Das barocke Gebäude erhielt seine klassizistische Fassade im 19. Jahrhundert. Seit 1937 ist darin das Stadtmuseum Ljubljana beheimatet.

MESTNI TRG – STADTPLATZ

Seit dem 12. Jahrhundert ist der Stadtplatz der wichtigste Platz in Ljubljana, da sich hier das Rathaus und viele größere Wohnhäuser bedeutender Stadtbewohner befanden. Die Häuser, die um den Platz liegen, repräsentieren eine Mischung aus mittelalterlicher und barocker Architektur, was den Erdbeben und Bränden zuzuschreiben ist, die Ljubljana öfters heimsuchten.

Im Norden ist der Platz mit dem Platz des Hl. Kyrill und Method verbunden, im Süden mit dem Stadtteil Pod trančo und dem Alten Platz.

MIKLOŠIČEV PARK – MIKLOŠIČ-PARK

Der Miklošič-Park ist der einzige Jugendstil-Park der Stadt und entstand 1902 nach Plänen des Architekten Maks Fabiani, der auch die Idee für die Türme an den Eckgebäuden, die den Platz umgeben, hatte. Im Norden säumt den Park der Justizpalast (Architekt Spindler aus Wien), davor steht das Denkmal des Sprachwissenschaftlers Fran Miklošič. Im Osten begrenzt ihn die Miklošičeva Straße, die vom Bahnhof zum Fluss Ljubljanica führt und deren Gebäude nach dem Erdbeben 1895 erbaut wurden. Darunter finden sich am unteren Ende der Straße, in der Nähe der Franziskanerkirche, das Grand Hotel Union aus dem Jahr 1905, wo sich im

Ersten Weltkrieg das Oberkommando der Isonzofront befand, und gegenüber das Gebäude der einstigen Genossenschaftlichen Wirtschaftsbank, deren Fassade durch Ornamente in starken Farben, entworfen vom Architekten Ivan Vurnik, besticht.

MLADIKA – MÄDCHENLYZEUM (PREŠERNOVA CESTA 25)

Im Jahr 1888 stellte der Händler Josip Gorup aus Rijeka finanzielle Mittel zur Gründung des Vereins Mladika, der Mädchen ausbilden sollte, zur Verfügung. Die Stadtgemeinde genehmigte den Bau des Mädchenlyzeums an der repräsentativen Prešernova cesta – Prešernova Straße und da es sich um die erste Mädchenschule in Slowenien handelte, entschied sich die Stadt, den damals anerkanntesten Architekten Maks Fabiani mit dem Auftrag zu betrauen. Erbaut wurde das Gebäude im Jahr 1907, und 1910 wurde es an der Šubičeva cesta – Šubič Straße um einige Lehrklassen erweitert. In den Jahren 1910 bis 1912 folgte der Zubau des Internats nach Plänen des Stadtarchitekten Ciril Metod Koch. Über dem Eingang an der Straßenecke erinnert ein Uhrturm an ständige Pünktlichkeit. Der Gebäudekomplex hatte Lehrklassen, einen Turnsaal, zwei Wohnungen für den Direktor und den Hausmeister. Nach dem Zweiten Weltkrieg war im Gebäude ein Militärspital untergebracht, nach der Unabhängigkeitserklärung wurde es zum Außenministerium der Republik Slowenien. Die Renovierung, die im Jahr 2000 abgeschlossen wurde, übernahm der international anerkannte slowenische Architekt Jurij Kobe.

MODERNA GALERIJA – MODERNE GALERIE (TOMŠIČEVA 14)

Die Moderne Galerie ist die Galerie der slowenischen bildenden Kunst des 20. Jahrhunderts und gleichzeitig auch Museum der modernen und zeitgenössischen Kunst.

Geplant wurde sie vom slowenischen Architekten Edo Ravnikar, erbaut 1948 sowie 2008 generalsaniert. Die Moderne Galerie ist das erste markante Werk von Edo Ravnikar. Die Entwürfe entstanden in der Zeit, als Ravnikar bei der Planung von Plečniks National- und Universitätsbibliothek mitwirkte, und noch vor seinem Lehrintermezzo bei Le Corbusier in Paris. Dieses frühe Werk Ravnikars folgt noch den klassizistischen

Prinzipien von Jože Plečnik, da das Gebäude symmetrisch ausgerichtet ist. Der Haupteingang der Galerie ist breit und mit einem monumentalen Baldachin überdacht. Die Fassade ist, ähnlich wie die der National- und Universitätsbibliothek, mit verschiedenen bearbeiteten Steinplatten belegt. Vor der Modernen Galerie und praktisch vor dem Eingang in den beliebten Stadtpark Tivoli steht das Denkmal von Primož Trubar, dem Vater des slowenischen Buches (1508–1586). Die Moderne Galerie ist auch Austragungsort der Internationalen Grafischen Biennale, der weltweit ältesten Veranstaltung dieser Art.

N

NARODNA IN UNIVERZITETNA KNJIŽNICA – NATIONALBIBLIOTHEK (TURJAŠKA 1)

Die Entstehung der Nationalbibliothek geht auf die Zeit Maria Theresias zurück, nämlich auf das Jahr 1774, als 637 Bücher, die nach einem Brand im Jesuitenkollegium gerettet werden konnten, per Erlass der Bibliothek zur Verfügung gestellt wurden, die im Rahmen des Lyzeums von Ljubljana fungierte. Das Lyzeum bekam bereits 1807 das Recht auf die Zusendung eines Belegexemplars aller Druckmedien im Land Krain, unter französischer Besetzung sogar aus dem gesamten Verwaltungsgebiet der Illyrischen Provinzen.

Nach der Schließung des Lyzeums im Jahr 1850 wurde die Bibliothek zur Landesstudienbibliothek. Nach dem Ersten Weltkrieg wurde diese zur Staatsbibliothek und als 1919 die erste slowenische Universität gegründet wurde, übernahm sie auch noch die Funktion einer Universitätsbibliothek. In den Zeiten der Staatsbibliothek sammelten sich hier auch alle Druckexemplare aus Gesamtjugoslawien.

Aufgrund des akuten Platzmangels hatte die Bibliothek, die ihre universitäre Abteilung im Gymnasium in der Poljanska cesta – Poljanska Straße untergebracht hatte, leider nur 18 Leseplätze, was bei weitem nicht für die Masse der Studenten an der Universität ausreichte.

Die Pläne für die heutige National- und Universitätsbibliothek erstellte Jože Plečnik in den Jahren 1930–31. In das monumentale Gebäude in unmittelbarer Nähe der Universität zog die Bibliothek im Frühling 1941 und es wurde alsbald zum Kulturdenkmal ersten Ranges.

NARODNA GALERIJA – NATIONALGALERIE (PREŠERNOVA 24)

Die Nationalgalerie Sloweniens ist die zentrale Galerie der bildenden Kunst. Gegründet wurde sie 1918 und beherbergt die größte Sammlung von Kunstwerken, die auf slowenischem Boden vom Mittelalter bis zur Moderne entstanden. Werke slowenischer Autoren des 20. Jahrhunderts sind in der Modernen Galerie gegenüber beheimatet.

Die ständige Ausstellung umfasst vor allem slowenisches und künstlerisches Material der europäischen Malakademien des 12. bis zum 20. Jahrhundert.

Das Gebäude wurde nach Plänen des Prager Architekten František

Škabrout zwischen den Jahren 1893 und 1896 als Volksheim erbaut. Es ist ähnlich wie eine Basilika in drei Teilen konzipiert. Es hatte zahlreiche Räume, die für Gesellschaften genutzt werden konnten, es gab Platz für ein Restaurant und einen großen Garten hinter dem Palais. Im Parterre blieb eine Turnhalle erhalten. Die Nationalgalerie übernahm einen Teil der Räume 1919, nachdem sie ein Jahr ihre gesammelten Werke im Kreisamt ausstellte. Aufgrund enormer Platznöte wurde in den 90er Jahren des 20. Jahrhunderts nach Plänen von Edo Ravnikar sen. ein Zubau entworfen, den Verbindungstrakt planten die beiden jungen aufstrebenden slowenischen Architekten Sadar und Vuga aus dem gleichnamigen Atelier.

NARODNI MUZEJ – NATIONALMUSEUM (PREŠERNOVA 20)

Das Nationalmuseum Sloweniens – Rudolfinum ist eine der ältesten Landeseinrichtungen dieser Art und wurde 1821 gegründet. Ein eigenes Gebäude erhielt es im Jahr 1888. Darin findet man die größte Sammlung von Zeugnissen der Vergangenheit des slowenischen Volkes und der Völker, die schon früher auf diesem Territorium lebten.

Die Sammlungen umfassen archäologische, ethnologische, natur- und kulturhistorische Zeitzeugen. Vor dem Museum steht das Denkmal des slowenischen Polyhistors Janez Vajkard Valvasor (1641–1693), ein Werk von Alojz Gangl. Janez Vajkard Valvasor verfasste „Die Ehre dess Hertzogthums Crain“ – Slava Vojvodine Kranjske. 1689 in Nürnberg in deutscher Sprache herausgegeben, gilt es als Symbol des Slowenentums, als Grundstein der slowenischen Geschichte und noch heute als eines der wichtigsten wissenschaftlichen Werke über Slowenien.

NEBOTIČNIK – WOLKENKRATZER (ŠUBIČEVA CESTA 1)

Der „Wolkenkratzer“ in der Slovenska cesta – Slovenska Straße ist Ljubljanas erstes Hochhaus und wurde 1933 vom Architekten Vladimir Šubic erbaut. Er überragte die Umgebung als Symbol einer wohlhabenden wachsenden Stadt. Zum Zeitpunkt des Baus (und auch noch kurz danach) war es das höchste Gebäude Mitteleuropas.

O

OPERA – DIE OPER VON LJUBLJANA (CANKARJEVA 11)

Das Opernhaus von Ljubljana (in ihm ist das Slowenische Nationaltheater, Oper und Ballett ansässig) wurde 1892 im Neorenaissance-Stil nach Plänen der Architekten Jan Vladimir Hrasky und Anton Hruby erbaut. Nach dem Brand des Theaters an der Stelle der heutigen Philharmonie war im Gebäude zunächst das Landestheater untergebracht, nach dem Bau des Deutschen Theaters (heute Drama) wurden darin vor allem Opernvorstellungen abgehalten.

Die prägnante Fassade wird vor allem durch ionische Pfeiler über dem Eingang geprägt. Die Statuen darüber symbolisieren Poesie und Ruhm, darüber steht die Statue des Genies mit einer Fackel. Alle Statuen sind Werke von Alojzij Gangl. Neben der Stirnseite stehen Büsten der slowenischen Theaterpioniere Ignacij Borštnik (1858–1919) und Anton Verovšek (1866–1914), beides Werke von France Kralj, auf der Seite der Cankarjeva Straße die Büste des slowenischen Bassisten Julij Betteto (1885–1963).

Der Haupteingang der Oper ist von der Župančičeva Straße und es dauert nicht mehr lange, da wird die Oper in neuem Glanz mit einem modernen Zubau erstrahlen und endlich genügend Platz für alle Opernliebhaber bieten.

P

PARLAMENT / DRŽAVNI ZBOR – PARLAMENT (ŠUBIČEVA 4)

Das Gebäude in Form eines Quadrats wurde nach Plänen des Architekten Vinko Glanz in den Jahren 1954 bis 1959 erbaut. Das Hauptportal, das bis zur Hälfte des ersten Stockes reicht, wird von fünf Pilastern aus Granit aus dem Pohorje-Gebirge getragen und von einer Großzahl von Plastiken der Bildhauer Karel Putrih und Zdenko Kalina geziert. Im Hauptteil befindet sich der große Sitzungssaal des Parlaments, der vor einigen Jahren zur Gänze renoviert wurde, wobei die alte, schulklassenförmige Sitzordnung durch eine moderne runde Anordnung der Parlamentssitzung und Rednerpulte ersetzt wurde. Im Parlamentsgebäude finden sich auch weitere kleinere Sitzungssäle, Räumlichkeiten der Abgeordneten, eine Bibliothek mit Lesesaal und weitere Büros der Parlamentsdienste.

Gegenüber dem Parlamentsgebäude befindet sich der Platz der Republik, auf welchem am 25. Juni 1991 die Unabhängigkeit der Republik Slowenien proklamiert wurde und wo auch heute noch Staatsfeierlichkeiten abgehalten werden. Eigentlich dient der Platz der Republik als Parkplatz vor dem Kulturzentrum Cankar und dem Einkaufszentrum Maximarket.

PEGLEZEN – BÜGELEISEN (POLJANSKA CESTA 1)

Das Gebäude, das liebevoll Bügeleisen genannt wird, steht auf einem sehr langen und engen Grundstück als Abschluss einer Reihe von alten, niedrigen Häusern. Architekt Jože Plečnik musste hier all seine Fantasie einsetzen, um das Gebäude letztlich zu einer architektonischen Perle zu machen, vor dem ein Fahnenmast thront.

POGAČARJEV TRG – POGAČAR-PLATZ

Wenn wir vom Prešeren-Platz über die Drei Brücken gehen und danach gleich links abbiegen, sind wir nach einigen Metern bereits am Pogačarjev trg – Pogačar-Platz. Einst waren hier Stallungen und Wirtschaftsgebäude, die vom Diözesanpalais bis zum Priesterseminar reichten. Als diese niedergerissen wurden, entstand in den 60er Jahren des 19. Jahrhunderts der Pogačarjev trg – Pogačar-Platz, der von zahlreichen wichtigen Gebäuden umrandet wird: dem Kreisamt, der Domkirche des Hl. Nikolaus, dem Diözesanpalais und dem Priesterseminar, sowie den Plečnik- Kolonnaden des Marktplatzes entlang der Ljubljanica.

An jener Stelle, an der heute das Kreisamt steht, stand bereits im 14. Jahrhundert ein Krankenhaus mit der Kirche der Hl. Elisabeth, in welcher der slowenische protestantische Priester und Autor der ersten Bücher in slowenischer Sprache, Primož Trubar, predigte.

Am Pogačarjev trg – Pogačar-Platz beginnt der Marktplatz von Ljubljana, der dann in den Vodnikov trg – Vodnik-Platz übergeht. Der Pogačarjev trg ist Bio- und Ökoprodukten, sowie dem Handwerk gewidmet. Außerdem bietet sich der Platz direkt dafür an, verschiedene Veranstaltungen abzuhalten.

ꞮEŠEREN-PLATZ, DREI BRÜCKEN UND STRITAR STRASSE

POT SPOMINOV IN TOVARIŠTVA – DER WEG ENTLANG DES EHEMALIGEN STACHELDRAHTES UM DIE BESETZTE STADT

Der Weg führt auf einer Länge von 34 Kilometern entlang eines ehemaligen Stacheldrahtes, den die italienischen Besatzer während des Zweiten Weltkrieges (zwischen 1942 und 1945) aufgestellt hatten. Heute dient er als Spazierweg, Laufstrecke und Radweg.

PREŠERNOV TRG – PREŠEREN-PLATZ

Der Prešernov trg – Prešeren-Platz entstand aus einer mittelalterlichen Kreuzung vor den Stadttoren. Im 17. Jahrhundert bekam er dann langsam die heutige Form, denn damals wurde die Franziskanerkirche, die Kirche Mariä Verkündigung, erbaut und so hieß der Platz zunächst auch Marienplatz. Gepflastert wurde der Platz erst Mitte des 19. Jahrhunderts, als die Stadtmauer und damit auch das Spitalstor abgerissen wurden.

Der zweite wichtige Entwicklungsfaktor war das große Erdbeben von 1895, das viele mittelalterliche Häuser entweder stark beschädigte oder zerstörte. An Stelle dieser mittelalterlichen Häuser entstanden neobarocke bürgerliche Paläste: Palais Frisch, Palais Seunig, Palais der Zentralapotheke, Palais Urbanc, Palais Hauptmann und Palais Mayer.

Im ersten Jahrzehnt des 20. Jahrhunderts wurde das Palais Hauptmann aus dem Barockstil in den Sezessionsstil umgebaut. Im selben Stil wurde auch das Palais Urbanc 1903 erbaut, in dem das erste Warenhaus Ljubljanas war und das nach der Denationalisierung wieder zu einem modernen Warenhaus umgebaut werden soll.

Als dann noch Plečniks Drei Brücken – Plečnikovo Tromostovje als Vergrößerung der Spitalsbrücke gebaut wurden, breitete sich der Platz auch noch auf das rechte Ufer der Ljubljanica aus und umrandete den Platz mit dem Palais Filip (nach dem Eigentümer Filip Schreyer) und dem Palais Kresija, dem Kreisamt.

Den Mittelpunkt des Platzes bestimmt das Denkmal des größten slowenischen Dichters, France Prešeren (1800–1849), ein Werk von Ivan Zajc, das am 10.9.1905 enthüllt wurde. Heute ist das Denkmal beliebter Treffpunkt für Jugendliche und wenn man sich in der Stadt einen unmissverständlichen Treffpunkt ausmachen möchte, trifft man sich beim „Prešeren“. Der Sockel des Denkmals lädt nämlich förmlich zum Verweilen ein und dient auch mal als Sonnenbank.

Prešerens Muse, Julija Primic, verheiratete Scheuchenstuel, seine unerhörte große Liebe, wurde in eine reiche Händlerfamilie der Stadt geboren und an der Fassade ihres Geburtshauses auf der Wolfova Straße beim Durchgang zum Knafljev prehod ist ihre Büste angebracht, die wie symbolisch zum Denkmal von France Prešeren auf dem Prešeren-Platz blickt. Prešeren widmete ihr auch eines seiner bedeutendsten Werke, den Sonettenkranz – Sonetni venec.

Der Prešeren-Platz ist aufgrund seiner Lage einer der frequentiertesten Punkte der Stadt, da von ihm viele Straßen sternförmig ausgehen:

Cankarjevo nabrežje, Adamič-Lundrovo nabrežje, Hribarjevo nabrežje, Petkovškovo nabrežje, Wolfova ulica, Čopova ulica, Trubarjeva ulica und Miklošičeva cesta.

R

REALKA – REALSCHULE LJUBLJANA (VEGOVA ULICA 4)

Das Gebäude der Realschule von Ljubljana in der Vegova ulica – Vega Straße wurde 1875 erbaut und erfüllte zur Gänze die Wünsche des Auftraggebers, der Krainischen Sparkasse. Mit seiner Monumentalität, dem Neorenaissance-Schmuck an der Fassade und der funktionellen Nutzung der Innenräume wurde es zum Stolz der Stadt.
Gegründet wurde die Realschule in Ljubljana im Jahr 1872. Mit den neuen Räumlichkeiten und reichen Lehrhilfen waren die Weichen für eine Entwicklung zu einem hervorragenden Gymnasium gestellt. 1959 schlossen die Türen des Realgymnasiums und im Gebäude fand die Technische Mittelschule Einzug, die zur wichtigsten technischen Mittelschule Sloweniens wurde und diesen Status jahrzehntelang beibehielt. Mit dem Jahr 1996 kehrten technische Abteilungen des Gymnasiums zurück in das ursprüngliche Realgymnasium. Das Gebäude bildet mit dem gegenüberliegenden Universitätsgebäude einen wunderschönen Eingang in die Vegova ulica – Vega Straße.

RIMSKI OSTANKI – RÖMISCHE ÜBERRESTE

Die Römische Mauer geht zurück auf die Zeit Emonas. Zwischen den Jahren 14 und 15 n. Chr. war Emona mit einer Mauer umgeben, die den Umfang 430 × 540 Meter hatte. Die Höhe lag bei 6 bis 8 Meter, die Breite bei 2,5 Meter. Darin gab es 4 Haupttore und 26 Verteidigungstürme. Im Norden und Westen von Emona gab es zwei Schutzgräben und innerhalb der Stadt befanden sich rechteckige Parzellen, genannt insulae (Insel), die mit Straßen verbunden waren. Die Hauptstraßen waren Cardo maximus und Decumanus maximus, was dem üblichen Muster römischer Siedlungen entsprach. Die Straßen waren gepflastert, die Häuser hatten farbige Wände und Mosaikpflaster. Die Inseln hatten Bodenheizung (Hypokausten) und Kanalisation (Kloake). Es gab ein Forum, ein Kapitol, eine Basilika, eine Kurie. Emona hatte wahrscheinlich zwi-

schen 5.000 und 6.000 Bewohner. Die Nekropole war außerhalb der Mauer. Emona war vor allem eine Handelsstadt, dennoch gab es wenige reiche Patrizierhäuser.
In der Zeit von Kaiser Mark Aurel begann der Zerfall von Emona. Im Jahre 238 n. Chr. wurde Emona zum ersten Mal zerstört, danach nochmals im Jahr 314 im Bürgerkrieg. Es folgten die Westgoten und danach die Hunnen, die unter Attila im Jahr 452 Emona zur Gänze zerstörten.
In der heutigen Stadt Ljubljana findet man noch einige römische Überreste, so z. B. die südliche Mauer von Emona, die als „Römische Mauer“ bezeichnet wird. Da die römische Infrastruktur sehr gewissenhaft gebaut wurde, war bis ins 20. Jahrhundert – unfassbar, aber wahr – das Ziegelkanalisationssystem z. B. in den Straßen Gregorčičeva ulica – Gregorčič Straße und Vegova ulica – Vega Straße in Funktion. Das römische Freiluftmuseum ist auf der Erjavčeva Straße – Erjavčeva ulica, unmittelbar hinter dem Regierungspalast, zu finden. Andere Stücke findet man im Stadtmuseum oder im Nationalmuseum. Eine der bedeutendsten Statuen, genannt „Emonček“, steht als Kopie im Park Zvezda am Kongresni trg – Kongressplatz, unweit der ursprünglichen Fundstätte.

ROBBOV VODNJAK – BRUNNEN FRANCESCO DI ROBBA (MESTNI TRG)

Der Brunnen Francesco di Robba oder Brunnen der drei Krainer Flüsse ist der berühmteste Brunnen in Ljubljana und wurde 1751 mit Skulpturen aus weißem Marmor fertiggestellt. Der Bildhauer ist Francesco di Robba, der aufgrund des teuren Materials und des langwierigen Fertigungsverfahrens fast bankrottgegangen war. Die Skulpturen sind die personifizierten Flüsse Sava, Krka und Ljubljanica. Das Original stand bis 2008 am Stadtplatz vor dem Rathaus und wurde dann nach langen, auch stadtpolitischen Diskussionen in die Nationalgalerie gebracht, am Originalstandort befindet sich seither eine Replik.
Als Vorbilder dienten römische Brunnen, vor allem der Brunnen vor dem Pantheon und der Brunnen von Gianlorenzo Bernini auf der Piazza Navona in Rom, in welchem Bernini die vier Flüsse Donau, Nil, Ganges und La Plata darstellt.
Der Robba-Brunnen wurde öfters restauriert, vor allem nach dem

ATIONAL- UND UNIVERSITÄTSBIBLIOTHEK

Erdbeben 1895 und bei der Errichtung des Platzes vor dem Rathaus, als Plečnik neue Pflasterungen und Stufen vorsah. Die letzte Restaurierung hat sich stark verzögert und von den ersten Plänen 1979 dauerte sie dann bis 2006.

Francesco di Robba verbrachte den Großteil seines Lebens in Ljubljana. Das erste Mal wird er 1722 erwähnt, als er die Tochter des Steinmetzen Luka Mislej, Theresia, heiratet. Nach dem Tod seines Schwiegervaters übernahm er 1727 seine Werkstatt und begann schon bald danach an bedeutenden sakralen Objekten, wie dem Dom von Ljubljana und Zagreb, zu arbeiten. Er errichtete auch das Denkmal des Hl. Nepomuk in Klagenfurt.

ROG (TRUBARJEVA ULICA)

Der ehemalige Industriekomplex mitten in der Stadt am Fluss Ljubljanica ist zur Zeit zwar keine richtige Sehenswürdigkeit, bietet aber dem Architekturinteressierten die Möglichkeit, eine Perle der industriellen Architektur des vorigen Jahrtausends, wenn auch in momentan bedauernswertem Zustand, zu sehen. Der Industriekomplex, in dem im 19. Jahrhundert eine Gerberei, nach dem Jahr 1900 eine Lederfabrik und nach dem Zweiten Weltkrieg eine Produktionsfirma, in welcher die berühmten slowenischen Fahrräder „Rog“ gebaut wurden, untergebracht waren, soll in den nächsten Jahren zu einem modernen Zentrum für kreative Industrie umgestaltet werden und somit visuellen Kunstrichtungen eine Präsentationsmöglichkeit und Produktionsstätten bieten. Der unter Denkmalschutz stehende Gebäudekomplex soll mit einem Hotel, Appartements und einer Tiefgarage ergänzt und zu einer Einheit verbunden werden. Als Vorbild gilt das red dot design museum in Essen.

ROŽNIK – ROŽNIK-HÜGEL

Der Rožnik ist ein beliebter Spazierberg der Stadtbewohner. Der Gipfel des Berges ist der Šišenski hrib (429 m), der meistbesuchte Ort ist jedoch Cankarjev vrh (394 m), der seinen Namen dem slowenischen Schriftsteller Ivan Cankar zu verdanken hat, der zwischen 1910 und 1917 auf dem Bauernhof an dieser Stelle wohnte. Das Gebäude ist heute zu einem Gasthof umgestaltet und in einem der Zimmer hat das Stadtmuseum Ljubljana ein Cankar-Zimmer eingerichtet. Oberhalb des Gasthofes steht die Marienkirche, auf der Flur darunter finden seit jeher zahlreiche Feierlichkeiten statt. Jährlich zum Tag der Arbeit, 1. Mai, findet hier eine große Maifeier mit einem Maifeuer statt und gleichzeitig wird der slowenische Literaturpreis „Kresnik“ verliehen.

Im Süden grenzt der Rožnik an das Rosental – Rožna dolina, das einst ein Arbeiterviertel war und später zu einem Villenviertel wurde, wo wichtige Stadtbewohner, wie z. B. der Bürgermeister Ivan Hribar, der die Entwicklung der Stadt Ljubljana sehr prägte, wohnten. Unter den Villen ist besonders das mittlerweile protokollarische Gebäude Vila Podrožnik zu erwähnen, die einst einem reichen Geschäftsmann gehörte, in Titos Zeiten dessen Residenz in Ljubljana war und heute

der Regierung dient. Im Rosental sind nun in vielen alten Villen Residenzen von Botschaften angesiedelt und der Kampf der Nationen, welche Residenz hervorstechender sein wird, ist nicht zu übersehen. Außerdem sind im Rosental die Mehrheit der Studentenheime von Ljubljana angesiedelt, was Lebendigkeit ins sonst ruhige Villenviertel bringt.
Einen Großteil des Rožnik nimmt auch der Zoo von Ljubljana ein, hinter dem sich Trimmpfade wie auch Schispringschanzen und Kinderspielplätze verbergen.

S

HOTEL SLON (SLOVENSKA CESTA 34)

Im Jahr 1552 war der österreichische Herzog Maximilian II. 25 Jahre alt und hatte kurz davor Maria von Spanien geheiratet. Es näherte sich der Zeitpunkt, an dem er Regent des Hl. Römischen Reiches wurde, und auf dem Weg aus Spanien führte er auch Hochzeitsgeschenke mit sich, darunter einen Elefanten namens Soliman. Sultan Soliman war damals der schlimmste Feind Österreichs und es war sicher von symbolischer Bedeutung, ein so mächtiges Tier wie einen Elefanten gezähmt zu haben. Maximilian machte auf seinem Weg Halt in Ljubljana und die Stadtbewohner waren begeistert von dem starken Tier. An jener Stelle, an welcher der Elefant Soliman rastete, wurde später ein Hotel gebaut, das als Slon (Elefant) bekannt wurde.
Der Baubeginn des Hotels reicht in die Jahre 1856 bis 1858 zurück, als das Hotel vor allem durch die Bademöglichkeit, die zahlreiche reiche Stadtbewohner nutzten, bekannt wurde. Das Gebäude überdauerte 80 Jahre, auch das Erdbeben von 1895. Im Jahr 1937 begann dann der Bau eines neuen Gebäudes in einer modernistischen Architektur und nach Fertigstellung war es laut Zeitzeugen das schönste und modernste Hotel der Stadt.

SLOVENSKA AKADEMIJA ZNANOSTI IN UMETNOSTI – SLOWENISCHE AKADEMIE DER WISSENSCHAFTEN (NOVI TRG 3)

Die Slowenische Akademie der Wissenschaften steht unterhalb der Nationalbibliothek und ist ein barockes Palais, das auch Landhaus (Lontovž) genannt wurde. Seine heutige Fassade erhielt das Palais Ende des 18. Jahrhunderts. Es war einst Sitz der Landstände und Schauplatz von Gastspielen italienischer Theater. Der Platz vor dem Gebäude war das Zentrum der Aristokratie von Ljubljana, umgeben von Häusern der angesehensten Adelsfamilien des Herzogtums Krain. Nach Osten endet der Platz am linken Ufer der Ljubljanica und am Jurčičev trg – Jurčič-Platz.

STARI TRG – ALTER PLATZ

Der Alte Platz bildet gemeinsam mit dem Stadtplatz und dem Oberen Platz den alten Stadtkern.

STIŠKI DVOREC – PALAIS DER ZISTERZIENSER (STARI TRG 34)

Das Palais Stična ist das markanteste Gebäude am Alten Platz. Das Palais im frühen Barockstil wurde in den Jahren 1628 bis 1630 als Stadtresidenz des Abts des Zisterzienserordens aus Stična erbaut. Das Palais wurde des Öfteren umgebaut, das Portal ist z. B. aus dem 18. Jahrhundert. Von 1830 bis zu Beginn des 20. Jahrhunderts war das Palais Sitz der Landes- und Kreisgerichte. Heute befindet sich im Palais die Akademie für Musik, die jedoch sehr unter Platzmangel leidet.
Vor dem Palais steht der Herkulesbrunnen. An derselben Stelle stand bereits ein barocker Brunnen, dieser wurde jedoch wegen der Einstellung der Wasserleitung vom Berg Golovec Ende des 18. Jahrhunderts eingerissen. Um den leeren Platz zu füllen und einen Teil des alten Prunkes wiederherzustellen, entschied man sich in den 90er Jahren des 20. Jahrhunderts, eine Interpretation des alten Barockbrunnens auf der Grundlage der Originalstatue, die in Museen aufbewahrt wurde, zu bauen.
Als Modell wurde der Robba-Brunnen verwendet und die Veduten von Valvasor, mit den Originalstatuen von Delfinen und Herkules, der einen Löwen tötet.

STOLNICA SV. NIKOLAJA – DOM VON LJUBLJANA (CIRIL-METODOV TRG)

Die erste erwähnte Kirche, die an diesem Platz stand, war eine romanische Basilika mit drei Kirchenschiffen, leider brannte sie 1361 nieder. Danach wurde die Kirche im gotischen Stil renoviert und 1461 wurde das

KOPIČ-PROMENADE

Bistum von Ljubljana gegründet, wodurch die Kirche zur Domkirche wurde. Schon nach acht Jahren, 1469, brannte sie erneut nieder und im Jahr 1701 wurde sie endgültig abgerissen und eine neue barocke Hallenkirche erbaut. Diese wurde am 8. Mai 1707 geweiht und steht noch heute.

Die Kirche wurde von zahlreichen Künstlern geschmückt: Giulio Quaglio (Fresko in den Jahren 1703–1706 und 1721–1723), Angelo Putti (Skulpturen zwischen 1712–1713 und Bilder 1715), Francesco Robba (Altar zwischen 1745–1750), Paolo und Giuseppe Groppelli (Altar aus dem Jahr 1711), Matevž Langus (Kuppelbemalung 1844) und in der heutigen Zeit Tone Demšar (Haupttor) und Mirsad Begić (Seitentor).

ŠENTJAKOBSKO GLEDALIŠČE – ST. JAKOBS THEATER (KREKOV TRG 2)

Das St. Jakobs Theater Ljubljana, das bereits seit 1920 spielt, ist angeblich das älteste ständige Liebhabertheater in Europa. Es befindet sich im 1. Stock des Gebäudes und hat den Status eines Vereins. Im Jahr 1941 zerstörten die italienischen Besatzer die Bühne, und der Verein verpflichtete sich zu einem vierjährigen kulturellen Schweigen. Sofort nach dem Krieg haben die Mitglieder des Vereins die Bühne selbst wieder aufgebaut und die Arbeit fortgeführt.

Im Parterre des Gebäudes befindet sich das Puppentheater, das 1948 gegründet wurde.

ŠMARNA GORA – DER HAUSBERG DER STADT

Die Šmarna gora ist ein Berg mit zwei Gipfeln, Šmarna gora (669 m) und Grmada (676 m), im Norden der Hauptstadt. Sie ist ein beliebtes Ausflugsziel und Naherholungsgebiet und bietet einen prächtigen Ausblick über die Stadt.

T

TIVOLI – STADTPARK TIVOLI

Der Stadtpark Tivoli ist der größte Park der Stadt. Er erstreckt sich fast bis zum Stadtzentrum und dient als beliebte Erholungsstätte für die Stadtbewohner. Vom Zentrum aus ist er leicht zu Fuß erreichbar. Im Stadtpark Tivoli steht auch das gleichnamige Schloss, das von den Jesuiten im 17. Jahrhundert erbaut wurde. Heute befindet sich im Schloss das Internationale Grafische Zentrum.

TRG FRANCOSKE REVOLUCIJE – PLATZ DER FRANZÖSISCHEN REVOLUTION

Auf dem Platz der Französischen Revolution (vor dem Freilufttheater Križanke) steht Plečniks Denkmal der Illyrischen Provinzen mit einem Kopf Napoleons und Versen aus der Ode „Zu neuem Leben erwachtes Illyrien" des slowenischen Dichters Vodnik. In die Säule wurde Staub aus dem Grab eines 1813 im Krieg gegen die Österreicher gefallenen Soldaten eingemauert.

TRG REPUBLIKE – PLATZ DER REPUBLIK

Der Platz der Republik ist Ljubljanas zentraler Platz zwischen dem Parlament und dem Kulturzentrum Cankar und wurde vom Architekten Edo Ravnikar angelegt. Das Denkmal der Revolution am Rande des Platzes ist ein Werk von Drago Tršar. Umrandet wird der Platz im Osten und Süden vom Kaufhaus Maximarket und dem Gebäude der größten slowenischen Bank Nova Ljubljanska banka. Der Platz, der überwiegend als Parkplatz verwendet wird, dient auch für Staatsfeierlichkeiten und genau hier wurde auch am 26. Juni 1991 die Selbständigkeit der Republik Slowenien proklamiert, die der Auslöser für den 9-tägigen Krieg der jugoslawischen Armee gegen Slowenien war. Der letzte jugoslawische Soldat verließ Slowenien erst am 25. Oktober desselben Jahres. Die erste Verfassung Sloweniens wurde am 23. Dezember 1991 verabschiedet.

TRNOVSKA CERKEV / CERKEV SV. JANEZA KRSTNIKA – KIRCHE VON TRNOVO / KIRCHE DES HL. JOHANNES DES TÄUFERS (KOLEZIJSKA 1)

Diese wurde Mitte des 18. Jahrhunderts erbaut, im Jahr 1855 im historisierenden Stil umgebaut und nach dem Erdbeben 1895 im neuromanischen Stil umgestaltet. In dieser Kirche traf der slowenische Dichter France Prešeren seine große Liebe Julija Primic. In der Kirche findet man auch einige Kunstwerke von Jože Plečnik und eine Orgel aus dem Jahr 1864. Plečniks Haus steht gleich hinter der Kirche an der Adresse Karunova 4 und ist heute Teil des Architekturmuseums.

Zur Kirche führt die Brücke von Trnovo, deren Vorgängerin einst die einzige Verbindung zwischen Trnovo und der Stadtmitte war. Die heutige Brücke ist auch ein Werk von Jože Plečnik, der an den vier Seiten kleine Pyramiden aufstellte und Weiden auf die Brücke pflanzte.

TRNOVSKI PRISTAN – LANDESTELLE TRNOVO

Plečnik hat an diesem Teil der Ljubljanica das Flussufer in Form von Terrassen gebaut, um an die ehemalige Anlegestelle für Boote zu erinnern, die Stein aus Podpeč nach Ljubljana transportierten, und den unmittelbaren Kontakt der Stadt mit dem Wasser beizubehalten. 2009 wurde das gesamte Ufer im Bereich der Landestelle Trnovo renoviert und mit Spazierwegen, Parkbänken und Grünflächen wieder den Bewohnern als Freizeitraum gewidmet.

TROMOSTOVJE – DREI BRÜCKEN

Der Punkt, an dem heute die berühmten Drei Brücken stehen, war bereits zu Beginn des Mittelalters für die Flussüberquerung bestimmt. Eine Urkunde aus dem Jahr 1280 erwähnt eine Brücke am Mäander, die als erste nach der Antike über die Ljubljanica aufgestellt wurde und der wichtigste Übergang in der Stadt war.

Im Jahr 1657 vernichtete ein Brand die Untere Brücke, welche durch eine neue Holzbrücke ersetzt wurde. Darauf befanden sich Verkaufsbaracken, in der Mitte stand am Geländer ein Kreuz.

1842 war die alte Holzbrücke einsturzgefährdet, daher erbaute man an selber Stelle eine neue Steinbrücke, die Spitalsbrücke (Architekt Giovanni Picco), die offiziell nach Erzherzog Franz Karl-Franzens-Brücke benannt wurde.

Die Verkaufsbaracken wurden in ein gemauertes Gebäude in die heutige Čopova Straße umgesiedelt.

Das große Erdbeben 1895 verursachte beträchtliche Schäden und so wurden Ljubljana große Geldbeträge für den Wiederaufbau zugeteilt und man entschied sich, die Kapazität der Spitalsbrücke, welche das Erdbeben gut überstanden hatte, zu vergrößern. Die Arbeiten wurden jedoch bis nach dem Ersten Weltkrieg aufgeschoben. Die Pläne dafür wurden dem größten slowenischen Architekten anvertraut – Jože Plečnik. Plečnik hat mit neuen Brüstungen die alte Spitalsbrücke und die Ufer um die Brücken umgebaut, fügte zwei kleinere Außenbrücken als Fußgängerübergang hinzu und verband diese mit den unteren Terrassen am Fluss.

Die Drei Brücken sind auch der einzige Ort, an dem sich zwei von Plečniks urbanistischen Achsen kreuzen, nämlich die Wasserachse und die Achse zwischen der Burg von Ljubljana und dem Hügel Rožnik.

Die letzte Generalsanierung der Drei Brücken wurde 1992 durchgeführt.

E DREI BRÜCKEN

U

HOTEL UNION (MIKLOŠIČEVA ULICA 1)

Das Grand Hotel Union war das erste Hotel in Ljubljana, das nach den damals modernsten technischen und sanitären Standards erbaut wurde. Der Bauinitiator, Stadtrat Dr. Vinko Gregorič, der die Aktiengesellschaft Union mit mehrheitlichem Kapital der Slowenischen Volkspartei gründete, wollte ein prachtvolles und bequemes Stadthotel bauen, das den gesamten Gebäudeblock von der Nazorjeva Straße bis zum Miklošič-Park einnehmen und eine Badeanstalt mit zwei Pools inkludieren sollte. Für das anspruchsvolle Projekt konnte man Architekt Josip Vancaš gewinnen, der zuvor bereits die Stadtsparkasse und die Bischöfliche Anstalt in

Ljubljana plante und in Wien studierte. Der Architekt, der sich auf die Architekturschule von Otto Wagner stützte, schuf neben den zwei Gebäudeflügeln, die durch eine Eckkuppel verbunden sind, auch einen großzügigen Saal mit einem Stahldach. Der Saal war in jenen Jahren der größte am Balkan und lange Jahre Mittelpunkt des gesellschaftlichen Lebens der Stadt. Nach dem Zweiten Weltkrieg war bis in die 90er Jahre im Saal ein Kino. Die Fassade ist im Jugendstil verziert und obwohl die ursprünglich großzügige Planung nicht zur Gänze verwirklicht wurde, war das fast hundert Meter lange Gebäude damals das größte der Stadt. In den 70er Jahren wurde das Hotel nicht besonders gelungen vom Architekten Marjan Amalietti umgebaut, den fast völlig verlorengegangenen Jugendstilcharme konnte aber zumindest teilweise Architekt Jože Dobrin im Jahr 1998 zurückgewinnen. Der große Saal wurde durch ein Denationalisierungsverfahren der Hotelgesellschaft zurückgegeben und diese hat ihn durch eine liebevolle und fachmännische Renovierung zu einem der schönsten Säle der Stadt zurückbilden lassen.

UNIVERZA V LJUBLJANI – UNIVERSITÄT VON LJUBLJANA (KONGRESNI TRG 12)

Das Krainer Landespalais oder das Landespalais in Ljubljana war der Sitz des ehemaligen Krainischen Landesrates, in welchem dieser tagte und auch der Landeshauptmann des Herzogtums Krain seinen Sitz hatte. Heute ist das Gebäude das zentrale Universitätsgebäude der Universität von Ljubljana, seit dem Jahr 1919 ist es der Sitz des Rektorates.

Der Ort, an dem das Krainer Landespalais steht, ist von historischer Bedeutung, denn am nördlichen Rand des neuen Platzes und teilweise an Stelle des heutigen Palais stand bereits Ende des 15. Jahrhunderts das Viztum, die Residenz des Stellvertreters des Landesfürsten, in welchem auch der Herrscher übernachtete, wenn er nach Ljubljana kam. Der Landesrat von Krain verrichtete seine Arbeit im Gebäude, das an Stelle des heutigen Palais stand. Dieses war bescheidener und kleiner als das heutige Palais. Im Gebäude fand auch der Kongress von Ljubljana 1821 statt. In der Nacht vom 14. auf den 15. April 1895 erschütterte Ljubljana ein starkes Erdbeben. Dieses zerstörte zahlreiche Gebäude und beschädigte viele in solchem Ausmaß, dass ein Wohnen darin unmöglich wurde. Besonders betroffen war auch das ursprüngliche Gebäude des Landespalais und schon im Juli desselben Jahres trat der Landesrat von Krain zusammen und beschloss, dass unverzüglich Pläne für ein neues Gebäude gemacht und bis dahin Räumlichkeiten für die Landesämter gefunden werden mussten. Die Verwüstung, die das Erdbeben hinterließ, gab der Stadt reichlich Möglichkeiten zu einer Modernisierung.

Vor allem dem damaligen Bürgermeister Ivan Hribar ist es zu verdanken, dass er die Gunst der Stunde zu nutzen wusste und den Neubau zahlreicher wichtiger Gebäude organisierte und anregte, darunter auch den Neubau des Landespalais.

Der Bau war mit nicht unwesentlichen Kosten verbunden und die Stadt verfügte über sehr beschränkte Mittel, daher beauftragte man zunächst den Architekten Raimund Jeblinger aus Linz, dem alten Grundriss des Gebäudes neue Funktionalität einzuhauchen. Sein Plan vom 1.1.1896 entsprach zwar der gewünschten Anzahl und Größe der Räumlichkeiten, nicht jedoch die Fassade, die eher an eine reiche Villa oder englische Kirche erinnerte als an ein öffentliches Gebäude. Sein Plan wurde abgelehnt und eine Ausschreibung verfasst. Diese lief bis Ende April 1896 und zwei Architekten brachten ihre Vorschläge ein. Vorgabe war, dass der Bau maximal 370.000 Gulden kosten durfte. Unter dem Losungswort „MCCLXXXIII“ (das Jahr der Bestätigung der Habsburger Erbherrschaft in unseren Ländern) reichte der tschechische Architekt Joseph Maria Olbrich 14 genauestens ausgearbeitete Pläne ein, nur sprengten die Kosten dafür hoffnungslos das vorgesehene Budget. Daher beauftragte man danach das Gebäudeamt Krain mit der Erstellung eines neuen, finanziell tragbaren Planes und da dieser, erstellt von Bauingenieur Jan Vladimir Hrasky, immer noch den Rahmen sprengte, sah man Einsparungsmöglichkeiten im Verzicht auf überteuerte Dekorationselemente und eine Neuplanung des Treppenaufganges. Auch Hrasky scheiterte kläglich an den Plänen und für 7.000 Gulden übernahm der tschechische Architekt Josip Hudetz die Überarbeitung. Im Jahr 1902 waren die Pläne, trotz vorherigem Baubeginn, dann endlich fertig und angenommen und am 22. September 1903 tagte der Landesrat zum ersten Mal im neuen Gebäude.

URŠULINSKA CERKEV / CERKEV SV. TROJICE – URSULINENKIRCHE / KIRCHE DER HL. DREIFALTIGKEIT (SLOVENSKA CESTA)

Die Ursulinen hatten auf der damaligen Wiener Straße die erste öffentliche Mädchenschule, wohnten jedoch am Stadtplatz 6. Für das neue Kloster war zwar der Baugrund schon 1707 gekauft, gebaut wurde es jedoch erst in den Jahren 1713 bis 1717.

Der Bau der Kirche der Hl. Dreifaltigkeit begann 1718. Ein großes Bauhindernis stellte das Grundwasser dar und deshalb musste die Kirche auf starke Eichenstämme gestellt werden. Im Jahr 1726 wurde der Zubau der Kirche fertiggestellt, die erste Hl. Messe wurde am 20. Oktober desselben Jahres gelesen. Erst nach 21 Jahren war die Kirche wirklich fertig und am 17. Juli 1747 wurde sie feierlich von Bischof Ernest Amand Graf Attems geweiht. Heute zählt die Kirche zu den schönsten Werken der Barockkunst in Ljubljana. Vor der Kirche steht, heute auf der gegenüberliegenden Straßenseite, eine Dreifaltigkeitssäule, die zum Dank dafür errichtet wurde, dass die Stadt vor der Pest verschont blieb. Die ursprüngliche hölzerne Säule wurde 1721 durch eine steinerne ersetzt. Heute findet sich auf der Säule nur noch eine steinerne Kopie der originalen Plastik, die im Stadtmuseum aufbewahrt wird.

V

VEGOVA ULICA – VEGA STRASSE

Benannt ist die Straße nach dem slowenischen Mathematiker, Physiker, Vermesser und Meteorologen, Baron Jurij Vega. Die Vega Straße entstand an Stelle des ehemaligen Stadtgrabens und führt heute vom Kongresni trg – Kongressplatz zur Napoleonsäule am Trg francoske revolucije – Platz der Französischen Revolution. Plečnik begann mit der Gestaltung der Straße zeitgleich mit der Renovierung der Fassade des Musikhauses für das erste slowenische Musikfestival im Jahr 1932. Das Hauptmotiv der Straße ist der erhobene Park, in dem nach dem Vorbild der Wiener Technischen Hochschule Hermen von Musikern stehen (Davorin Jenko, Stevan Mokranjac, Hugolin Sattner, Jakob Gallus Petelin, Vatroslav Lisinski, Franc Gerbič, Matej Hubad, Anton Förster, Emil Adamič). Am Beginn der Straße, gegenüber dem Universitätsgebäude, befindet sich das ursprüngliche Realgymnasium der Stadt.

VLADNA PALAČA – REGIERUNGSPALAIS (PREŠERNOVA 25)

Das Gebäude war bereits als Regierungspalais gebaut worden und wurde am 22. April 1899 fertiggestellt. Bis 1918 war hier der Sitz der Landesregierung von Krain, danach residierten hier die großen Bürgermeister der Stadt Ljubljana, die Bane der Draubanschaft und nach dem Zweiten Weltkrieg der Exekutivrat der slowenischen Volksversammlung, daneben auch der Verfassungsgerichtshof und nach dem Jahr 1975 die slowenische Regierung. Heute ist das Gebäude der Amtssitz des Staatspräsidenten und Premier ministers mit unterschiedlichen Eingängen. Der Staatspräsident hat die Adresse Erjavčeva Straße, der Premierminister Gregorčičeva Straße.

Der Haupteingang des Palais liegt auf der Prešernova Straße. Architektonisch gesehen ist das Regierungspalais sicherlich eines der schönsten Palais der Stadt. Geplant wurde es von Ing. Rudolf Bauer, gebaut von der Krainischen Gebäudegesellschaft. Ähnliche Gebäude, die als Sitz von Regierungen dienten, stehen nur noch in Wien und Sarajevo.

VODNIKOV TRG – VODNIK-PLATZ

Der Vodnik-Platz ist der eigentliche Marktplatz von Ljubljana und dieser wird zu Recht als einer der schönsten Marktplätze Europas bezeichnet An der Stelle des heutigen Marktplatzes stand einst das bischöfliche Lyzeum mit Bibliothek. Nach dem Erdbeben 1895 wurde es eingerissen und der große neu entstandene Platz wurde zum Marktplatz bestimmt. Der Platz wurde nach dem ersten slowenischen Dichter Valentin Vodnik benannt. Dieser war Professor und Direktor am Lyzeum und ihm ist auch ein Denkmal aus dem Jahr 1888 am Marktplatz gewidmet, das eigentlich vor dem Lyzeum stand und somit dem Marktplatz den Rücken zeigt.

Der Marktplatz ist sehr groß und das Angebot sehr bunt und vielfältig. Außerdem ist der Marktplatz vor allem am Samstag ein beliebter Treffpunkt für die Stadtbewohner. Die Einteilung des Marktplatzes ist sehr streng geordnet. Der Bauernmarkt befindet sich zentral am Vodnikov trg, Fleisch, Fisch, Käse, Brot und Eier sowie Trockenfrüchte finden ihren Platz in den zweistöckigen Kolonnaden von Plečnik bzw. im ehemaligen Priesterseminar. Zwischen dem Dom und dem Priesterseminar säumen unzählige Blumen den gepflasterten Weg.

Ein Unikum des Marktes sind die „trnovske solatarice" – „Die Salatverkäuferinnen aus Trnovo" (Trnovo wird auch heute noch umgangssprachlich „Salatendorf" genannt), die unweit des Stadtzentrums noch immer Gemüse anbauen, um dieses dann täglich, gemäß der jahrhundertealten Tradition, direkt von ihrem Holzkarren am Markt anzubieten.

Z

ZADRUŽNA GOSPODARSKA BANKA – GENOSSENSCHAFTLICHE WIRTSCHAFTSBANK (MIKLOŠIČEVA CESTA)

Das Gebäude der Genossenschaftlichen Wirtschaftsbank gegenüber dem Grand Hotel Union auf der Miklošičeva Straße ist wohl eines der farbenfrohsten Gebäude der Stadt und bestes Beispiel der Verwendung von nationalem Stil in der Architektur. Architekt Ivan Vurnik wurde zwar vom deutschen Expressionismus und tschechischen Kubismus geprägt, hat aber gleichwohl im Inneren und auf der Fassade des Gebäudes üppige und farbenfrohe Zier verwendet und sie in Muster von lokalen Stickereien verarbeitet. Dabei unterstützte ihn auch seine Frau Helena, die Malerin war. Die Fenstererker und die kräftige rötliche Farbe der Fassade lassen das Gebäude aus der Häuserreihe hervortreten und gleichzeitig als markanten Teil der Straße fungieren.

ZMAJSKI MOST – DIE DRACHENBRÜCKE

Die einstige Holzbrücke aus dem Jahr 1819, die Fleischerbrücke, wurde durch die heutige, bekanntere Drachenbrücke ersetzt. Die Stadtverwaltung bestellte eine Stahlbetonkonstruktion, die aus finanzieller Sicht günstiger und gleichzeitig auch moderner als die Steinvariante war.
Erbaut wurde die Brücke in den Jahren 1900–1901 (damals wurde sie Jubiläumsbrücke genannt) und es ist die erste Brücke in Slowenien, auf der Asphalt gelegt wurde. Die Brücke gilt als stilechtes Beispiel der Sezession in Ljubljana, außerdem war sie die erste Stahlbetonkonstruktion in Ljubljana und eine der ersten derartigen Brücken in Europa.

ŽALE – ZENTRALFRIEDHOF ŽALE

Der Friedhof Žale ist der größte Friedhof Ljubljanas. Sein Name ist slawischen Ursprungs und bedeutet Grabstätte. Gestaltet wurde er vom Architekten Jože Plečnik, der auch zahlreiche Grabstätten und Familiengruften entwarf. Der Friedhof ist auch ein Ort für Spaziergänge und Besinnung.

ŽIVALSKI VRT - ZOO (VEČNA POT 70)

Der Zoo von Ljubljana liegt am südlichen Teil des Hügels Rožnik, umgeben von Wald und Wiesen. Im gut gepflegten Zoo sind Tiere aus verschiedenen Kontinenten zu bewundern, die sich sowohl in Käfigen als auch im Freigelände befinden.

DRACHENBRÜCKE

4. PLEČNIKS ARCHITEKTONISCHES ERBE

Es gibt wenige Städte, die ein einziger Architekt so stark geprägt hat wie Plečnik seine Geburtsstadt Ljubljana. Er schien seiner Zeit immer schon voraus gewesen zu sein und versuchte mit der Monumentalität seiner Gebäude das Selbstbewusstsein der Stadtbewohner zu stärken.
Jože Plečnik wurde am 23.1.1872 in einer Familie mit 4 Kindern nahe dem Stadtzentrum geboren. Da er in der Schule nicht gerade brillierte, nahm ihn der Vater zu sich in die Tischlerwerkstatt. Er bekam ein Stipendium und schon bald führte er seine Ausbildung an der Staatlichen Handelsschule in Graz fort und wurde Kunsttischler und Möbelbauer. Nachdem er in Wien ein Jahr lang bei Architekt Otto Wagner arbeitete, inskribierte er 1895 an der Akademie der bildenden Künste – Abteilung für Architektur. Nach drei Jahren schloss er das Studium als bester Student in Otto Wagners Klasse ab und erhielt das Römische Stipendium, mit dem er Italien und Frankreich bereiste. Nach seiner Rückkehr blieb er noch ein Jahr bei Wagner und machte sich danach selbständig. Er baute oder restaurierte zahlreiche Gebäude in Wien, darunter auch den Zacherlpalast und die Kirche des Hl. Geistes. Anfang 1911 war Plečnik bereits Professor an der Kunstgewerbeschule in Prag, baute aber in seinen ersten Prager Jahren fast nichts. Anfang der 20er Jahre kehrte er nach Ljubljana zurück und übernahm das Lehramt an der neu gegründeten Universität von Ljubljana. Zur gleichen Zeit nahm er auch das Angebot des tschechoslowakischen Präsidenten Masaryk zum Umbau der Prager Burg Hradschin an und wurde dort leitender Architekt. Mit den Arbeiten auf Schloss Hradschin begann er 1920 und diese dauerten bis 1934. Präsident Masaryk bat ihn, ein neues Staatssymbol zu entwerfen, das überzeugen würde. Zeitgleich mit den Arbeiten auf Schloss Hradschin renovierte er auch die Residenz des Präsidenten auf Schloss Lani und erbaute die Herz-Jesu-Kirche im Stadtteil Vinohradi.
Auch in seinem Heimatland begann er seine ersten Werke zu verwirklichen (Alte Technik, Dom duhovnih vaj und Zubau zum alten Haus im Stadtteil Trnovo). Es folgten die Kirchen des Hl. Franziskus im Stadtteil Šiška und die Christi-Himmelfahrts-Kirche in Bogojina im Osten Sloweniens. Weiters das Stadion in Ljubljana, das Gebäude der Wechselseitigen Versicherung (heute Triglav) in der Miklošičeva Straße im Stadtzentrum Ljubljanas und der Volksdarlehenskasse in Celje. Die 30er

Jahre waren Jahre großzügiger Stadtplanung in Ljubljana, was zum geflügelten Wort „Plečniks Ljubljana" führte. Zu Weltruhm verhalfen Plečnik geniale Lösungen wie die Drei Brücken im Stadtzentrum von Ljubljana, die Marktkolonnaden, die Umgestaltung der Ufer des Flusses Ljubljanica, des Kongressplatzes und des Parks Tivoli. Nicht zu vergessen auch die Nationalbibliothek, das Gymnasium der Ursulinen, die Kirche des Hl. Kyrill und Method im Stadtteil Bežigrad, der Zentralfriedhof Žale und die Kirche des Hl. Michael am Moor etwas außerhalb der Stadt, sowie das monumentale Stauwerk auf dem Fluss Ljubljanica am Ambrožev trg – Ambrož-Platz. Die Neugestaltung von Križanke in den Jahren 1951–1956 zählt zu den herausragendsten Aufgaben Plečniks. Besonders erwähnenswert ist das Stadion von Ljubljana, das Plečnik bereits 1923 für den katholischen Turnverein Orli entwarf, das aus finanziellen Gründen jedoch nur sukzessive gebaut wurde. Plečnik brachte hier antike Elemente ein und aus Anlass des Eucharistischen Kongresses im Jahr 1935 wurde noch eine große überdachte Tribüne mit einem Turnsaal im Erdgeschoss hinzugefügt. Die Jahre des sozialistischen Eigentums schadeten der Baustruktur des Stadions sehr und in den letzten Jahren wurde es Brennpunkt vieler Diskussionen, was damit geschehen soll. Noch ist der Machtkampf zwischen der Stadtgemeinde, den Anrainern und potentiellen Investoren nicht entschieden. Gleichzeitig wird aber am Autobahnring bereits ein neues Sportstadion gebaut und vielleicht wird das Stadion von Plečnik ja irgendwann doch zum reinen architektonischen Denkmal, das auch dementsprechend behandelt wird.

Plečnik prägte seine Heimatstadt mit zahlreichen Parks und Plätzen, wo er urbanistisch exponierte Stellen durch hohe Obelisken, Säulen und Pyramiden betonte und breite Treppen legte sowie große Flächen pflasterte.

Während des Zweiten Weltkrieges machte Plečnik große Pläne für die Nachkriegszeit, vor allem auch für das neue slowenische Parlament. Aber irgendwie schien es, als ob Plečnik die neue Zeit nicht verstehen würde und die neue Zeit schien auch ihn nicht zu verstehen.

Plečnik verstarb am 7.1.1957 in seinem Haus im Stadtteil Trnovo in Ljubljana und wurde im Familiengrab auf dem Friedhof Žale beigesetzt. Seinen Grabstein, wie auch zahlreiche andere, schuf er bereits zu Leb-

zeiten, denn er wollte seine Familie nicht belasten.
Die Werke von Plečnik wurden in den 80er Jahren des vorigen Jahrhunderts zur wahren Entdeckung für die Welt. Es wurde ihm ein hohes Maß an Originalität und Erfindungsgeist bei der Verwendung historischer und regionaler Elemente zugesprochen. Das Pariser Centre Georges Pompidou und das Architekturmuseum Ljubljana veranstalteten 1986 eine gemeinsame große retrospektive Ausstellung in Paris, welche später auch in Ljubljana zum großen Erfolg wurde. In eingeschränkter Form wurde sie zur Wanderausstellung und besuchte Madrid, Wien, Karlsruhe, Mailand, Venedig, New York und Washington. Eine ständige Sammlung der meisten Werke aus der Ausstellung ist heute im Architekturmuseum Ljubljana am Schloss Fužine zu bestaunen.
Natürlich hinterließ Plečnik noch zahlreiche andere architektonische Werke in seiner Geburtsstadt. Und nachdem man einige der markantesten und größten, die hier erwähnt wurden, gesehen hat, ist es eigentlich sehr leicht, seine Handschrift auch an zahlreichen anderen, noch unerwähnten Orten zu erkennen.

SPUREN VON PLEČNIKS HANDSCHRIFT IN DER STADT LJUBLJANA (MIT ADRESSEN):

- Baragovo semenišče – Priesterseminar Baraga, jetzt Studentenheim, Vilharjeva 13
- Čevljarski most – Schusterbrücke, Jurčičev trg
- Gerberjevo stopnišče, Verbindung zwischen den Ufern Cankar und Hribar, Treppenaufgang zum Kongresni trg – Kongressplatz
- Gledališka stolba an der Philharmonie, Stolba
- Freilufttheater Križanke, Trg francoske revolucije 2
- Hrvatski trg am Klinischen Zentrum
- Kirche des Hl. Michael am Moor, Črna vas 48
- Kongresni trg – Kongressplatz
- Navje – Friedhof, Baragova cesta
- Napoleons Denkmal, Trg francoske revolucije
- NUK – National- und Universitätsbibliothek, Turjaška 1
- Park Zvezda am Kongresni trg – Kongressplatz
- Peglezen – Bügeleisen, Poljanska 1

- Plečniks Geburtshaus (heute Architekturmuseum), Karunova 4
- Prešernov trg – Prešeren-Platz
- Stadion – Sportstadion, Dunajska cesta
- Šance am Burghügel
- Trnovski most, Emonska cesta
- Trnovski pristan – Anlegestelle Trnovo
- Tromostvoje – Drei Brücken, Prešernov trg
- Tržnice – Marktkolonnaden
- Ursulinengymnasium, Šubičeva 1
- Ursulinenkloster mit Kirche, Slovenska cesta
- Vzajemna zavarovalnica – Zavarovalnica Triglav, Miklošičeva 19
- Zapornica – Flussschleuse, Ambrožev trg
- Žale – Zentralfriedhof

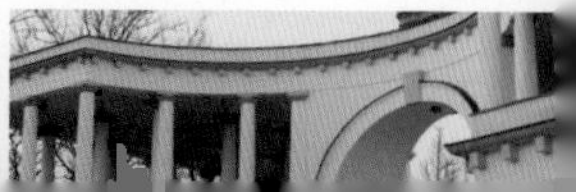

OBERER PLATZ

5. ZEHN SPAZIERGÄNGE DURCH LJUBLJANA

SPRACHLICHE HINWEISE:

trg = Platz

cesta / ulica = Straße

sprehajališče = Promenade

nabrežje = Ufer

nasip = Damm / Deich

pristan = Anlegestelle

pot = Weg

Da Ljubljana nicht wirklich eine „Großstadt" ist und die Struktur des Stadtzentrums, das immer mehr den Fußgängern gewidmet wird, auch keine Bustouren notwendig macht, sucht man in Ljubljana vergeblich nach den sonst weitbekannten „hop-on-hop-off"-Touren. In Ljubljana erreicht man alles bequem zu Fuß und spürt so auch das richtige Flair der Stadt, das einem im Bus wohl eher verloren geht.

Ausgangspunkt und Ziel der vorgeschlagenen Spaziergänge ist großteils Prešernov trg – Prešeren-Platz, da man sich an diesem am einfachsten orientieren kann und die wichtigsten Sehenswürdigkeiten von hier aus einfach zu erreichen sind. Auch wenn man die Spaziergänge unterbricht oder mit anderen kombiniert, sind es zurück zum Prešernov trg – Prešeren-Platz selten mehr als 15 Gehminuten. Am nördlichen Rand des Platzes steht ein gusseisernes Modell des Stadtzentrums aus der Vogelperspektive, das eine einfache Planung eigener Spaziergang-Routen ermöglicht. Links davon finden Sie im Schaufenster einer Bank einen ständig aktualisierten Veranstaltungskalender und die aktuelle Wettervorhersage.

TREPPENAUFGANG ZUR FRANZISKANERKIRCHE

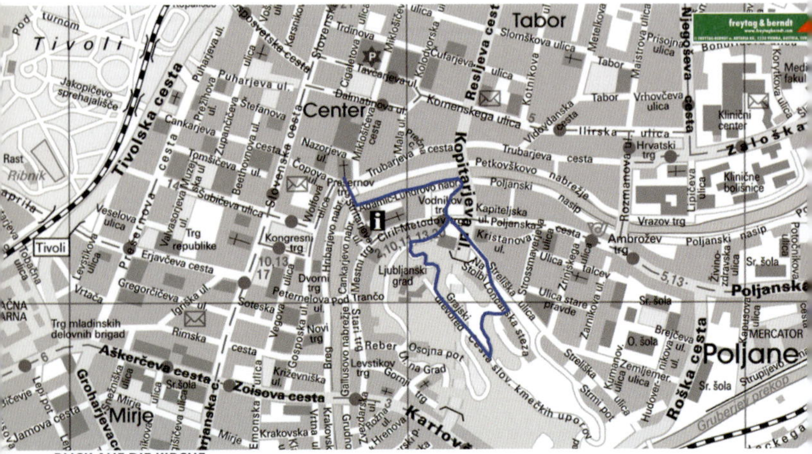

BLICK AUF DIE KIRCHE DES HL. JOSEF IM STADTTEIL POLJANE

MARKTKOLONNADEN UND DOM VON LJUBLJANA

1. ZUR BURG ÜBER DEN MARKTPLATZ

Der Prešernov trg – Prešeren-Platz mit der Franziskanerkirche und dem Denkmal des größten slowenischen Poeten France Prešeren ist der zentrale Platz der Stadt und ein beliebter Treffpunkt. Wenn man sich in der Stadt einen unmissverständlichen Treffpunkt ausmachen möchte, ist dies meistens „beim Prešeren". Das Denkmal blickt in Richtung Wolfova Straße, wo des Poeten größte Liebe und Muse, Julija Primic, lebte, und heute noch ist an ihrem Fenster eine Büste, die auch noch nach dem Tod den Poeten anblickt.

Über den Fluss Ljubljanica, seit Jahrhunderten die Wasserader der Stadt, führen die Drei Brücken – Tromostovje, die einst als Spitalsbrücke nur eine einfache Brücke war und der erst der weltberühmte slowenische Architekt Jože Plečnik ihre heutige Form gab.

Biegt man am rechten Flussufer links in Richtung Marktplatz ein, säumt den Weg auf einer Seite das Kreisamt, auf der Flussseite die Kolonnaden von Plečniks Markthallen. Gleich zu Beginn findet man einen kleinen Pavillon, der ursprünglich als Blumengeschäft geplant wurde und heute einen exzellenten Souvenirshop beherbergt, in dem man qualitativ hochwertige Souvenirs slowenischen Kunsthandwerks kaufen kann.

Gleich dahinter werden Sie an so manchen Tagen einen etwas unkonventionellen Zeitungsstand finden, den ein sympathischer Mann mittleren Alters führt und dafür jeden Tag eine lange Bahnreise aus dem Süden Sloweniens auf sich nimmt, um in Ljubljana sein Geld zu verdienen. Vor Jahren wollte die Stadt ihm den Zeitungsverkauf verbieten, denn es ist kein Zeitungsstand im herkömmlichen Sinn, sondern einer, der täglich auf- und abgebaut wird, aber die Bewohner unterschrieben eine Petition und unterstützten ihn, womit letztendlich erreicht wurde, dass er bleiben durfte. Er ist eine erfrischende Persönlichkeit mit großem kaufmännischem Talent und wird fast jeden, trotz seiner Beeinträchtigung, in mehreren Sprachen begrüßen und ihn bestimmt zum Kauf der einen oder anderen Zeitschrift überreden können.

Hier beginnt auch der berühmte Marktplatz von Ljubljana, der aufgrund seiner Farbenpracht und seines strukturierten Angebotes zu Recht zu den schönsten Bauernmärkten Europas zählt.

Die Kolonnaden, die sich in zwei Etagen von den Drei Brücken bis zur Drachenbrücke – Zmajski most erstrecken, sind ein gut organisiertes

System mit Ladeaufzügen. In den unteren Hallen findet man Fisch aus allen Weltmeeren, der im Lokal „Ribca" frisch zubereitet wird und auch gleich verzehrt werden kann. Besonders geschätzt und frisch aus dem Meer ist natürlich der Fisch aus dem Adriatischen Meer, bei dem man sich vom Preis jedoch nicht abschrecken lassen sollte – die Qualität ist es meistens wert.

Im oberen, auf Straßenniveau gelegenen Stock findet man zunächst Brot und Backwaren, gefolgt von Teigwaren und Trockenfrüchten, denen unterbrochen mit einigen Stehcafés nach der neuen Fleischerbrücke über den Fluss die Fleischabteilung folgt. Das Angebot ist gut sortiert und ein besonders geschätztes Fleisch, das erst in den letzten zwei Jahrzehnten Einzug im allgemeinen Handel fand, ist das Pferdefleisch. Wenn einen die Neugier plagt und man keine Vorurteile hat, kann man hier auch enthäutete Pferdeköpfe sehen.

Am Pogačarjev trg – Pogačar-Platz vor dem mittleren Marktgebäude, dem ehemaligen Priesterseminar, findet man immer mittwochs, freitags und samstags ein breites Angebot an Obst und Gemüse sowie anderen Produkten aus ausschließlich biologischem und ökologischem Anbau. Jahreszeitenbedingt wechselt hier das Angebot von Souvenirs über Kunsthandwerk zu Glühweinständen im Winter.

Das ehemalige Priesterseminar in der Mitte des Marktplatzes bietet in seinem Herzstück Käse, Eier, Trockenfrüchte und auch Fleisch und die geschickten Bäuerinnen sind gerne bereit, ihre Produkte zunächst verkosten zu lassen. Käse in Salzlake sowie der auch in Slowenien nach wie vor beliebte Weichkäse „kajmak", den man zu gegrilltem Fleisch isst und der eigentlich vom Balkan stammt, gibt es hier in verschiedensten Variationen. In der hinteren rechten Ecke der Halle windet sich fast täglich eine lange Schlange vor dem Tresen, was zweifelsohne von der Qualität und/oder Beliebtheit der Produkte zeugt, und etwas Geduld bringt einen zur Käsevitrine des Bauernhofes Pustotnik, wo Niederschriften zufolge angeblich schon im 15. Jahrhundert bäuerlich gewirtschaftet wurde.

Verlässt man die Halle am südlichen Ende, öffnet sich vor einem der bunte Markt in seiner vollen Farbenpracht und Vielfalt. Auf ordentlich angereihten Holztischen, die täglich auf- und abgebaut werden, bieten Bauern aus ganz Slowenien ihre Produkte an. Die Entfernungen sind dank des gut ausgebauten Autobahnnetzes kein Hindernis mehr, um Buchweizen, Äpfel oder Kernöl aus dem Osten oder Fisch, Olivenöl

oder Kakipflaumen aus dem Westen in die kaufkraftstarke Hauptstadt zu bringen.
Gesäumt wird dieses Bauernangebot von Obst- und Gemüseständen mit importierter Ware und gleich zu Beginn findet man Stände mit Kraut und Rüben, sowie deren Saft, die direkt aus dem Fass verkauft und auch gerne zum Verkosten angeboten werden.
Am oberen Ende stehen einige unvermeidliche Stände mit Textil- und Korbwaren, die eben das Angebot eines jeden Marktplatzes abrunden.
Der Blumenmarkt liegt zwischen dem Priesterseminar und der Domkirche und auch hier ist das Angebot streng getrennt. Auf einer Seite findet man Schnittblumen aus dem Import, auf der anderen Wiesenblumen, Gartenblumen, Kränze, Sträußchen und je nach Saison auch frische Beeren und Pilze.
Am westlichen Ende des Vodnikov trg – Vodnik-Platz steht das Denkmal des ersten slowenischen Dichters Valentin Vodnik, der am bischöflichen Lyzeum Professor und Direktor war. Das Denkmal stand eigentlich vor dem Lyzeum, das nach dem Erdbeben 1895 abgerissen wurde, und heute zeigt es dem Marktplatz den Rücken.
Wenn man in Blickrichtung des Dichters Vodnik geht, führt rechts vom Gasthof „Vodnikov hram" der sogenannte Studentenweg – Študentovska steza auf die Burg. Dieser hat den Namen noch aus Zeiten des Lyzeums, als hier Studenten auf- und abgingen.
Über den Weg Za ograjami – Hinter den Zäunen erreicht man den Burghügel und die Burg. Die erstmals 1144 erwähnte und heute großteils renovierte Burg ist ein wunderbarer Aussichtspunkt, beliebte Hochzeitsstätte und bietet Gelegenheit für Ausstellungen und Veranstaltungen. Nach dem Bau der Zahnradbahn, die vom Vodnikov trg – Vodnik-Platz direkt ins Herz der Burg führt, wurde auch die Straße auf die Burg generell gesperrt und nur noch für bestimmte Anlässe geöffnet, was den Burghügel zu einer noch beliebteren Freizeit- und Spazierstätte macht. Da sich am Fuße des Hügels einige Schulen befinden, kann man in den Morgen- und Vormittagsstunden oft Schüler beim Turnen antreffen. Diese haben zwar nicht die Gelegenheit eines Touristen, im Burgcafé Pause zu machen oder im bezaubernden Ethnoshop ein slowenisches Souvenir zu erwerben, frequentieren die Burg dafür aber nicht selten am Nachmittag für verliebte Spaziergänge.
Der Retourweg führt bei diesem Spaziergang durch die Burgallee –

Grajski drevored und die asphaltierte Straße Cesta slovenskih kmečkih uporov – Burgstraße bergab bis zur ungefähren Mitte, wo links in den Wald ein Weg führt. Nach einem kurzen Teilstück, bei dem man das Gefühl hat, irgendwo weit außerhalb der Stadt in einem Wald zu sein, lichtet sich am Ende des Weges der Wald und folgt man der Lončarska steza – Töpferpfad, kommt man wieder in eine dichte Siedlung und auf die Streliška ulica bei der Waldorfschule, die noch vor nicht langer Zeit eine Volksküche war. Überquert man die Straße beim Tunnel unter dem Burghügel, trifft man auf den Eingang des St. Jakobs Theaters – Šentjakobsko gledališče, das an der Hinterseite des Gebäudes ist, geht man nach vorne, findet man den Eingang zum Puppentheater von Ljubljana – Lutkovno gledališče. Hat man Glück und ist gerade zur vollen Stunde am Krek-Platz – Krekov trg vor dem Puppentheater, wird die Pünktlichkeit mit einem Uhrenschlag und dem Besuch von Martin Krpan belohnt, welcher der slowenischen Sage nach englisches Salz auf seiner Stute transportierte und so stark war, dass er die Stute samt Salz tragen konnte. So kommt man wieder auf den Marktplatz und kann inmitten bunter Obst- und Gemüsestände mit freundlichen Verkäufern seinen Spaziergang über die Drei Brücken am Prešeren-Platz – Prešernov trg abschließen.

STADTPARK TIVOLI

FRANZISKANERKIRCHE

BURGHÜGEL

AUSSICHTSTURM AUF DER BURG

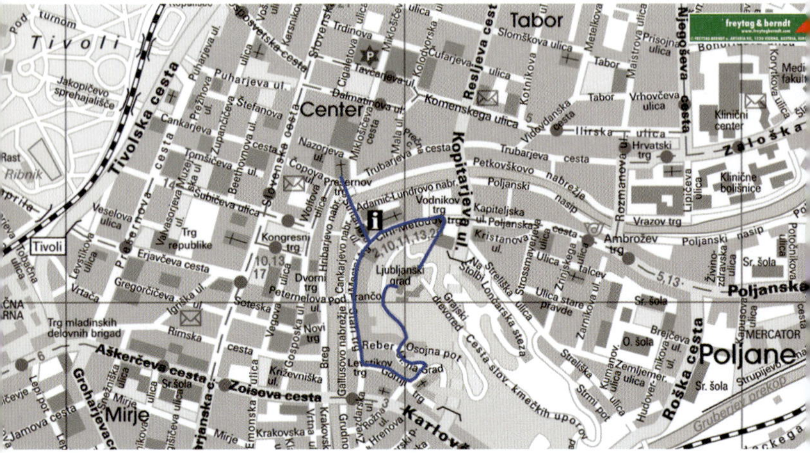

RATHAUS

BURGHÜGEL

ROBBA-BRUNNEN

KAPELLE IN DER BURG

2. AUF DIE BURG DURCH DIE ALTSTADT

Der Prešernov trg – Prešeren-Platz mit der Franziskanerkirche und dem markanten Denkmal des größten slowenischen Poeten France Prešeren ist der zentrale Platz der Stadt und ein beliebter Treffpunkt. Über den Fluss Ljubljanica führen in Richtung Burghügel die berühmten Drei Brücken – Tromostovje.

Wo heute die Drei Brücken stehen, war schon zu Beginn des Mittelalters ein Flussübergang. Der alten Holzbrücke folgte 1842 eine Steinbrücke, die Spitalsbrücke. Nach dem großen Erdbeben 1895 plante man die Brücke zu vergrößern. Dazu kam es aber erst viel später, als Sloweniens berühmtester Architekt Jože Plečnik mit neuen Brüstungen die alte Spitalsbrücke und die Ufer um die Brücken umbaute und zwei kleinere Außenbrücken als Fußgängerübergang hinzufügte. Seit kurzer Zeit ist die gesamte Innenstadt einschließlich der Drei Brücken zur ausschließlichen Fußgängerzone erklärt worden und bietet den Stadtbewohnern unter anderem auch viel Platz für Feste im Freien.

Folgt man der natürlichen Verlängerung der mittleren der Drei Brücken, der Stritarjeva ulica – Stritarjeva Straße, gelangt man am Ende zum Rathaus und dem davorstehenden Brunnen Francesco di Robba – Robbov vodnjak. Auf dem Weg sollte man aber nicht nur den pittoresken Brunnen mit dem Burghügel im Hintergrund im Auge haben, sondern den Blick auch zum Himmel richten, wo je nach Jahreszeit verschiedene Motive auf Seilen gespannt über der Straße hängen. Seien es Malerstaffeleien, Weihnachtsschmuck oder bunte Blumen, die Stritarjeva ulica – Stritarjeva Straße hat immer ein „künstlerisches Dach" über dem Kopfsteinpflaster.

Das Kopfsteinpflaster ist auch eines der Wahrzeichen der Altstadt. In den letzten Jahren wurden fast alle Flächen neu gepflastert und mit einer auch Damenschuh-freundlichen Masse versiegelt.

Der Brunnen Francesco di Robba oder Brunnen der drei Krainer Flüsse ist Ljubljanas berühmtester Brunnen. Die Skulpturen aus weißem Marmor sind Allegorien der Flüsse Sava, Krka und Ljubljanica. Das Original aus 1751 befindet sich heute in der Nationalgalerie und wurde 2008 durch eine Replik ersetzt.

Das Rathaus von Ljubljana steht am Mestni trg – Stadtplatz. Dieser ist seit dem 12. Jahrhundert der wichtigste Platz in Ljubljana, da hier bedeutende Stadtbewohner ihre großen Wohnhäuser bauten.

Die Mischung aus mittelalterlicher und barocker Architektur ist auf die Erdbeben und Brände zurückzuführen, die Ljubljana öfters heimsuchten. Das Rathaus selbst wurde im späten 15. Jahrhundert erbaut und erhielt die heutige Form in den Jahren 1717 bis 1719, ein erneuter Umbau erfolgte im Jahr 1963.

Folgt man dem Kopfsteinpflaster in Richtung Westen, schmält sich der Mestni trg – Stadtplatz in den Alten Platz – Stari trg, die gemeinsam mit dem Oberen Platz, der ihm folgt, den alten Stadtkern bilden. Hier werden die Häuser etwas schmäler und stehen sich enger gegenüber, eifern aber mit ihren wunderschönen Fassaden untereinander um die Wette. Dies ist eine der „Straßen", obwohl sie ja Platz genannt werden, bei denen man nicht nur auf die unterschiedlichen, mehr als ansprechenden Schaufenster achten, sondern den Blick des Öfteren auch in die Höhe schweifen lassen sollte. Man hat das Gefühl, die schmucken Häuser zwinkern einem zu und neigen sich nach unten, um ihre Geschichten zu erzählen. Neben den zahlreichen kleinen Geschäften und Restaurants in unterschiedlichen Preis- und Geschmacksklassen findet man hier auch zwei kleine Paradiese für Tee- und Kaffeeliebhaber. Zum einen ist es das Teehaus Cha am Alten Platz – Stari trg 3, wo man fast immer auf einen freien Tisch warten muss, sich aber die Wartezeit beim Stöbern durch den schicken Teeshop verkürzen kann und dann zum Lieblingstee eines der außergewöhnlichen Sandwiches probieren sollte. Drei Häuser weiter finden Kaffeeliebhaber auf derselben Straßenseite das kleine Kaffeeparadies Cafetino am Alten Platz – Stari trg 5. Das Angebot reicht von unterschiedlichen Kaffeetassen über italienische Kaffeekannen, sogenannte caffetieras, bis hin zu einer breiten Palette an Kaffee von den besten Plantagen der Welt, die hier individuell zusammengemischt werden.

Nach dieser kleinen Stärkung ist man mehr als bereit, den Burghügel zu besteigen, und folgt dem Kopfsteinpflaster über den Oberen Platz – Gornji trg bis zur Kreuzung an der Kirche des Hl. Florian. Dort kann man entweder sofort den Hügel hinaufgehen oder man nimmt sich ganz kurz Zeit und folgt der Sackgasse bis zur Mitte, wo sich in zwei gegenüberliegenden Häusern an der Adresse

Gornji trg 30 eine künstlerische Installation befindet, die sich stetig ändert, jedoch immer in Nostalgie schwelgt.

Vorbei an der Kirche des Hl. Florian über die Gasse auf die Burg – Ulica na Grad gelangt man fast über Hinterhöfe auf den Katzenpfad – Mačja steza, bis man dann schließlich auf dem Burghügel angelangt ist und entweder das Burginnere oder den Aussichtsturm zur Besichtigung wählt. Nicht selten blickt man von diesem bis zu den Karawanken und weit über das Moor von Ljubljana.

Für den Rückweg bietet sich die Zahnradbahn an, da ja bekanntlich der Weg abwärts für die Beine viel anstrengender ist als der Weg hinauf, und so steigt man aus der Zahnradbahn am Krek-Platz – Krekov trg aus, überquert den Marktplatz – Vodnikov trg und gelangt zum Dom von Ljubljana. Zu Beginn als dreischiffige romanische Basilika erbaut, brannte die Kirche 1361 nieder und wurde durch eine neue Kirche im gotischen Stil ersetzt. Nachdem diese schon nach acht Jahren ebenfalls niederbrannte, baute man eine neue barocke Hallenkirche, die noch heute steht.

Wieder am Brunnen Francesco di Robba angelangt, führt uns die Stritar Straße – Stritarjeva ulica (die mit der künstlerischen „Überdachung") wieder zurück zu den Drei Brücken – Tromostovje und dem Prešernov trg – Prešeren Platz.

WEG VON DER BURG

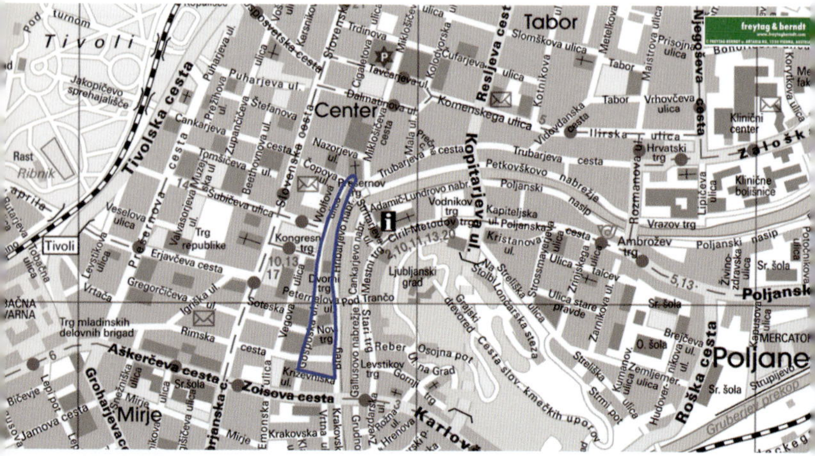

SCHUSTERBRÜCKE

DIE DREI BRÜCKEN

3. AM LINKEN UFER DER LJUBLJANICA

Vom zentralen Prešernov trg – Prešeren-Platz mit der Franziskanerkirche führen sternförmig sechs Straßen/Gassen weg. Im Uhrzeigersinn von den Drei Brücken – Tromostovje sind dies das Hribarjevo nabrežje – Hribar-Ufer, die Wolfova ulica – Wolfova Straße, die Čopova cesta – Čopova Straße, die Miklošičeva cesta – Miklošič Straße, die Trubarjeva cesta – Trubar Straße und das Petkovškovo nabrežje – Petkovšek-Ufer. Beginnt man den Spaziergang auf der Wolfova cesta – Wolfova Straße, die ihren Namen dem slowenisch-österreichischen Komponisten Hugo Wolf (1860 Slovenj Gradec – 1903 Wien) verdankt, folgt man dem wunderschönen Jugendstilhaus an der Ecke, dem Haus Nummer 4, an dessen Fassade sich im ersten Stock die Büste von Julija Primic befindet. Julija Primic war France Prešerens große Liebe und Muse und einem guten Beobachter wird nicht entgehen, dass ihr Blick Richtung Prešeren-Denkmal gerichtet ist.

Der erste Torbogen auf der rechten Seite bringt uns in den Knafljev prehod – Durchgang Knafelj, der noch vor etwas mehr als 10 Jahren völlig verwahrlost war und dem neues Leben vor allem das dort in einer alten Brauerei errichtete Spitzenrestaurant „As" einhauchte. Heute ist der Knafljev prehod – Durchgang Knafelj vor allem im Sommer beliebter Treffpunkt, da die Lokale sich vermehrt haben und die Gastgärten einladend gestaltet wurden. Der Knafljev prehod – Durchgang Knafelj ist auch die Fußwegverbindung mit der Hauptstraße Slovenska cesta.

Folgt man der Wolfova cesta – Wolfova Straße, öffnet sich nach einigen Metern der Kongresni trg – Kongressplatz, den viele bedeutende Gebäude der Stadt umgeben. Seine heutige Gestaltung geht auf Jože Plečnik zurück, nach dessen Plänen auch der offene Platz, der heutige Parkplatz, gepflastert wurde, der aber demnächst wieder in eine Grünfläche umgewandelt werden soll, da unter dem Platz eine Tiefgarage entsteht.

Einen großen Teil des Platzes nimmt der Sternpark – Park Zvezda ein. Der Park hat auch einen Musikpavillon, der aber leider in den letzten Jahren ungenutzt blieb und sich hoffentlich bald wieder freundlicher Klänge erfreuen kann.

Außerdem steht am nördlichen Ende das Gebäude Kazina, das in den Jahren 1836 bis 1838 erbaut wurde und eines der schöneren neoklassizistischen Bauwerke der Stadt ist.

Die Slowenische Philharmonie am östlichen Rand kann bereits auf eine mehr als 300-jährige Tradition zurückblicken. Das Palais der Slowenischen Philharmonie aus dem Jahr 1881 wurde vom Architekten Adolf Wagner entworfen.
Schräg gegenüber thront das Gebäude der heutigen Universität von Ljubljana, erbaut als Krainer Landespalais, das Sitz des ehemaligen Krainischen Landesrates war und worin auch der Landeshauptmann des Herzogtums Krain seinen Sitz hatte. Im Gebäude fand auch der Kongress von Ljubljana 1821 statt.
Nach dem Erdbeben 1895, als das Gebäude fast völlig zerstört wurde, entschloss man sich ein neues zu errichten, allerdings war der Bau mit nicht unwesentlichen Kosten und vielen Problemen sowie einer langen Bauzeit verbunden.
Die Gosposka ulica – Herrengasse führt direkt zum Freilufttheater Križanke, vorbei an der Slowenischen Akademie der Wissenschaften und Künste – Slovenska akademija znanosti in umetnosti am Novi trg unterhalb der Nationalbibliothek. Diese befindet sich in einem barocken Palais, das auch Landhaus (Lontovž) genannt wurde. Seine heutige Fassade erhielt das Palais Ende des 18. Jahrhunderts. Es war einst der Sitz der Landstände und Schauplatz von Gastspielen italienischer Theater. Der Platz vor dem Gebäude war das Zentrum der Aristokratie von Ljubljana, umgeben von Häusern der angesehensten Adelsfamilien des Herzogtums Krain.
Die Nationalbibliothek rechts gegenüber ist ein Meisterstück von Jože Plečnik, die als Perle seiner Arbeit bezeichnet werden kann. Das monumentale Gebäude in unmittelbarer Nähe zur Universität stellt heute ein Kulturdenkmal ersten Ranges dar.
Einige Schritte weiter auf der Gosposka ulica – Herrengasse befindet sich das Mestni muzej – Stadtmuseum im Palais Auersperg, welches Heim einer der reichsten adeligen Familien im Lande Krain war. Das barocke Gebäude, das im 19. Jahrhundert eine klassizistische Fassade erhielt, beherbergt seit 1937 das Museum.
Das Freilufttheater Križanke ist einer der schönsten Veranstaltungsorte Sloweniens mit einer äußerst günstigen Lage mitten in der Stadt. Gestaltet wurde es von Jože Plečnik, der aus dem ehemaligen Kloster der deutschen Kreuzritter einen auch akustisch beeindruckenden Ort für Konzerte und Festivals geschaffen hat. Es ist ein magischer,

mystischer Ort, der jeden Besucher verzaubert.

Die Križevniška ulica – Kreuzrittergasse führt auf gepflasterten Steinen, vorbei am Mini-Theater und dem asiatischen Restaurant Shambala mit wunderschönem Innenhof, an das Ufer der Ljubljanica – Breg.

Folgt man dem Lauf des Flusses über die neue Fußgängerzone entlang des Wassers und macht man nicht Halt in einem der anliegenden Restaurants, öffnet sich einem bald der Blick auf die Schusterbrücke und danach auf das Ziegelrot der Franziskanerkirche.

Direkt an der Schusterbrücke ist am linken Ufer an der Ecke ein interessanter „Imbiss", dessen Größe einer Telefonzelle gleichkommt. Hier kann man hervorragende Tramezzini und Sandwiches aller Art bekommen, jedoch nur draußen sitzen, da drinnen eventuell vier schlankere Gäste an der Wand lehnen und eine der herrlichen Tagessuppen genießen.

Die letzte Brücke vor den Drei Brücken – Tromostovje ist die hölzerne Fußgängerbrücke, welche die beiden Flussufer verbindet und unter welcher man über fast versteckte Treppen zum Uferlokal „Makalonca" gelangt, einer herrlich entspannenden „Sesselparade" am Fluss mit abends oft hervorragender Musik.

Der Prešernov trg – Prešeren-Platz mit der Franziskanerkirche ist nur noch einige Schritte entfernt.

SCHUSTERBRÜCKE

STADTMUSEUM

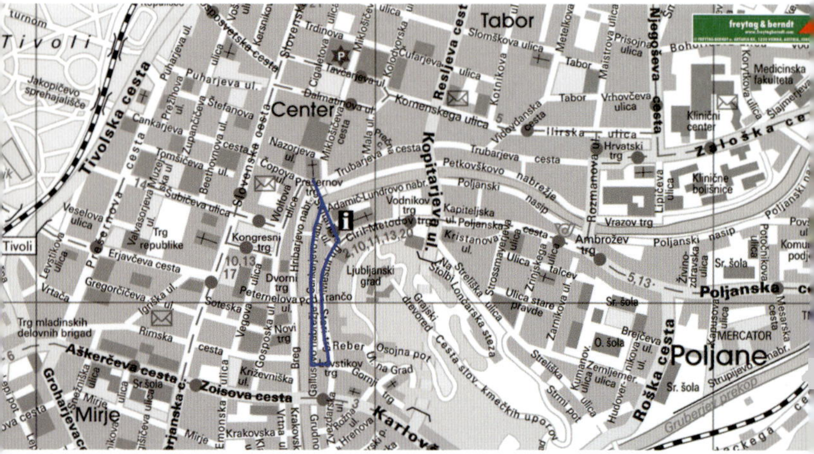
Tivoli
Tivolska cesta
Jakopičevo sprehajališče
Puharjeva ul.
Cankarjeva
Tomšičeva
Šubičeva ulica
Veselova ulica
Prešernova
Trg republike
Erjavčeva cesta
Levstikova ulica
Vrtača
Gregorčičeva
Trg mladinskih delovnih brigad
Aškerčeva cesta
Groharjeva
Mirje
Zoisova cesta
Rimska
Slovenska cesta
Center
Nazorjeva ul.
Čopova
Wolfova
Kongresni trg
Dvorni trg
Novi trg
Križevniška ul.
Gosposka ul.
Vegova
Breg
Emonska
Krakovska
Trdinova
Cigaletova ulica
Miklošičeva cesta
Tavčarjeva ul.
Dalmatinova ul.
Prešernov trg
Trubarjeva cesta
Adamič-Lundrovo nabr.
Vodnikov trg
Ciril-Metodov trg
Ljubljanski grad
Reber
Gallusovo
Karlovška
Kopitarjeva ul.
Resljeva cesta
Komenskega ulica
Kotnikova
Tabor
Slomškova ulica
Metelkova
Vidovdanska
Petkovškovo nabrežje
Poljanski nasip
Kapiteljska ul.
Poljanska
Kristanova ul.
Strossmayerjeva ulica
Streliška ulica
Roška cesta
Poljane
Ilirska ulica
Hrvatski trg
Rozmanova ul.
Ambrožev trg
Vrazov trg
Njegoševa cesta
Maistrova ulica
Vrhovčeva ulica
Zaloška cesta
Klinični center
Klinične bolnišnice
Medicinska fakulteta
Korytkova ulica
Lipičeva ulica
Potočnikova
Poljanska cesta
MERCATOR
Sr. šola
O. šola
Gruberjev prekop
Strupijevo nabr.
Zemljemer. ulica
Hudovernikova
Zarnikova
Ulica stare pravde
freytag & berndt

1 €
1 EUR

4. AM RECHTEN UFER DER LJUBLJANICA

Erfreulicherweise bleibt der Prešernov trg – Prešeren-Platz vor der Franziskanerkirche nach wie vor das, was er ist – ein freier Platz! Für Verkaufsstände, wenn auch nur temporäre, gibt es genügend andere Flächen in der Stadt. So zum Beispiel das Ufer Cankar – Cankarjevo nabrežje am rechten Ufer des Flusses Ljubljanica, gleich rechts der Drei Brücken – Tromostovje, wo man jeden Samstagvormittag eine Reihe kleiner, mit Handwerkskunst verzierter Tische vorfindet, hinter denen die stolzen Künstler auch selbst verkaufen. Sonntags bis zirka 14 Uhr, je nach Witterung, findet man an derselben Stelle Antiquitäten unterschiedlichster Herkunft, die den Weg bis zur Schusterbrücke flussaufwärts säumen. Trotz des eingeschränkten Spektrums, das der Sozialismus dem Land bot, schwelgen so manche noch in der Nostalgie der Nachkriegszeit und man sollte sich nicht wundern, wenn am Antiquitätenmarkt, den man ohne weiteres liebevoll Flohmarkt nennen darf, die Büste Lenins neben Titos Porträt findet. Genau jenes Porträt, das bis 1990, auch noch 10 Jahre nach Titos Tod, fast jede Schulklasse des Landes schmückte. Und besonders gefragt sind natürlich jene Porträts, auf denen der „Marschall" in seiner weißen Uniform abgebildet ist.

Feilschen am Flohmarkt gehört zwar grundsätzlich zur Folklore einer solchen Einrichtung, nur sollte man damit in Ljubljana nicht übertreiben. Ist man wirklich auf der Suche nach besonderen Stücken, sollte man möglichst früh dort sein, denn bereits um spätestens 8 Uhr hört man zwischen dem Italienischen kaum noch ein slowenisches Wort, die Italiener lieben den Antiquitätenmarkt von Ljubljana!

Die Schusterbrücke – Čevljarski most bildet den Abschluss des Antiquitätenmarktes, wo man vereinzelt Künstler mit Bildern findet.

Man sollte sich wirklich Zeit nehmen und ungeachtet der Jahreszeit in einem der Cafés entlang des Antiquitätenmarktes Pause machen und die Menschen beobachten. Es bietet sich ein bunter Mix an Kulturen, vermischt mit mediterranem Flair.

Nach der Schusterbrücke flussaufwärts trägt das Ufer den Namen Gallus-Ufer – Gallusovo nabrežje, benannt nach dem slowenischen Komponisten Iacobus Gallus Carniolus (1550–1591), der auch Niederösterreich bereiste, einige Zeit in Melk und Zwettl lebte und dann nach Prag zog.

Das Gallus-Ufer – Gallusovo nabrežje wird auch Klein-Amsterdam genannt, was verständlich ist, wenn man die Häuser von der

gegenüberliegenden Uferseite betrachtet: eine Mischung aus schmalen Häusern wie in Amsterdam, Habsburger barocker Architektur wie in Wien und italienischer mediterraner Atmosphäre.
Die Architekten der Gebäude sind nicht bekannt, der Großteil stammt aus dem 18. Jahrhundert. Hier findet man auch noch einige wenige Häuser, bei denen sich die Fenster nach außen öffnen und so bei jedem Wetter den Fluss und die Umgebung zauberhaft widerspiegeln.
Es ist ein Ufer zum Entspannen, man kann Geschenke und Souvenirs kaufen, in zwei winzigen Läden findet man Holzspielzeug, gleich daneben alte Bücher und Schallplatten. Auch das leibliche Wohl kommt nicht zu kurz – auf einigen Metern folgen Cappuccino, Tee, Steak und Crêpes.
Bevor man zur St.-Jakobs-Brücke – Šentjakobski most kommt, führt links hinauf Richtung Burg eine kleine gepflasterte Gasse und man kann die dortige Musikakademie von drei Seiten umgehen und wird dabei von angenehmen Übungsklängen der angehenden Virtuosen begleitet.
Kommt man zum Levstik-Platz – Levstikov trg, ist rechts von uns die St. Jakobskirche, nach der der Platz auch zunächst benannt wurde. Die heutige Form erhielt der Platz in den Jahren 1926–27, als er, wie so viele andere, von Architekt Jože Plečnik umgebaut wurde.
In diesem Stadtteil, an der Adresse Levstikov trg 8, findet man auch den absoluten Shopping-Insider-Tipp für Schuhfetischisten, die kleine Werkstatt „Butanoga", die sich in einem kleinen Innenhof unweit des Platzes auf der rechten Seite befindet.
Der Eigentümer und Schuhdesigner Matjaž Vlah machte aus der Not eine Tugend, da er nach seinem Unfall keine passenden Schuhe für sich fand, und kreiert seitdem ausgefallene Schuhe nach Maß in unvorstellbarem Materialmix, wie man sie nirgendwo anders auf der Welt finden wird. Die Wartezeit für Maßschuhe kann auch Monate dauern, aber Liebhaber aus aller Welt stört dies keineswegs.
Flussabwärts geht der Levstik-Platz – Levstikov trg in den Alten Platz – Stari trg und dieser in den Stadtplatz – Mestni trg über. Die Häuser entlang der beiden Plätze wirken wie alte Damen, die nochmals ihr schönstes Gewand und fröhlichstes Lächeln angezogen haben, um Besucher in die kleinen romantischen Innenhöfe zu locken, die oft nicht größer sind als eine Telefonzelle, dafür aber von der Sonne gestreichelt und in herrliche Ecken zum Träumen verwandelt. Man sollte sich nicht scheuen, diese Innenhöfe zu betreten,

die meisten sind offen und frei zugänglich, und man sollte es sich auch nicht nehmen lassen, sich mit Blick in den Himmel einmal um sich selbst zu drehen.

Links vom Rathaus führt die Stritarjeva ulica – Stritar Straße wieder geradewegs zum Prešernov trg – Prešeren-Platz und der rosafarbenen Franziskanerkirche.

CANKAR-UFER

PREŠEREN-DENKMAL

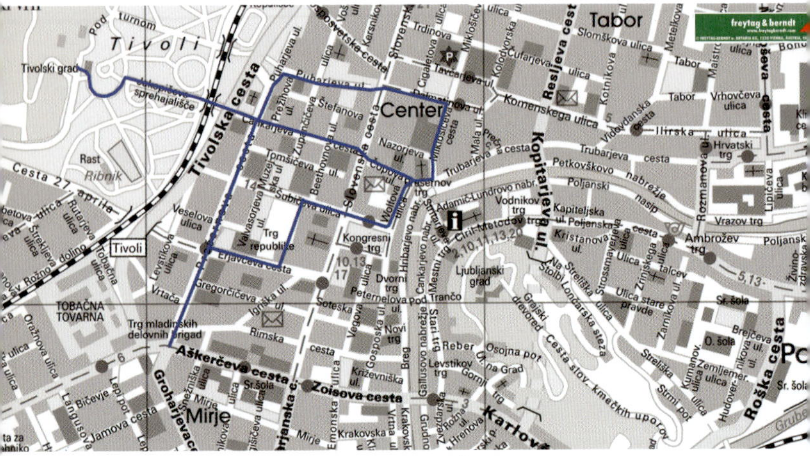

PREŠEREN-PLATZ

ČOP STRASSE

5. IN DEN STADTPARK TIVOLI

Der Stadtpark Tivoli ist die grüne Lunge der Stadt Ljubljana und beliebter Entspannungsort der Bewohner.
Eine der Sternstraßen, die vom Prešernov trg – Prešeren-Platz Richtung Norden ausgehen, ist die Čopova ulica – Čop Straße, die als erste und lange Zeit einzige Fußgängerzone der Stadt galt. Sie ist Standort zahlreicher Geschäfte und beherbergt ziemlich in der Mitte ein Prunkgebäude, die Stadtsparkasse – Mestna hranilnica, die man auf jeden Fall auch von innen besichtigen sollte. Sie ist eine der bekannteren architektonischen Meisterstücke der Stadt, erbaut im Jahr 1905 und heute im Eigentum der größten slowenischen Bank, die sie sehr aufmerksam hütet.
Die Čopova ulica – Čop Straße, an deren Ende sich auf rechter Seite das berühmte Hotel „Slon" – der Elefant befindet, war in ihrer Verlängerung, der Cankarjeva cesta – Cankarjeva Straße, die natürliche Achse zwischen dem Prešernov trg – Prešeren-Platz und dem Schloss Tivoli.
Das Hotel „Slon" – der Elefant verdankt seinen Namen einem Elefanten namens Soliman, den der österreichische Herzog Maximilian II. als Hochzeitsgeschenk mit sich führte. Das Hotel wurde an jener Stelle errichtet, an welcher der Elefant Soliman rastete, und ist noch heute sehr beliebt.
Die Cankarjeva cesta – Cankar Straße führt unter der Bahnunterführung weiter auf die Jakopič-Promenade (früher Lattermann-Promenade), die am Schloss Tivoli endet.
Auf dem Weg zur Bahnunterführung stehen vier bedeutende Kulturdenkmäler der Stadt, die Oper, die Nationalgalerie, die Moderne Galerie und die Kirche des Hl. Kyrill und Method der serbisch-orthodoxen Glaubensgemeinschaft.
Das Opernhaus von Ljubljana (in ihm sind Slowenisches Nationaltheater, Oper und Ballett ansässig) wurde 1892 im Neorenaissance-Stil erbaut und wird derzeit umgebaut.
Die Nationalgalerie Sloweniens besitzt die größte Sammlung slowenischer Kunst vom Mittelalter bis zur Moderne.
Bildende Kunst des 20. Jahrhunderts zeigt die Moderne Galerie, die gleichzeitig auch Museum für moderne und zeitgenössische Kunst ist.
Gegenüber der Modernen Galerie steht die 1936 erbaute Kirche der serbisch-orthodoxen Glaubensgemeinschaft, die den Hl. Kyrill und

Method geweiht ist. Die Kirche hat fünf Kuppeln, an deren Spitze sich je ein goldenes Kreuz befindet. Der Hauptaltar hinter der Bilderwand (Ikonostase) ist für Frauen nicht zugänglich.

Die Jakopič-Promenade, an deren Ende sich das Schloss Tivoli befindet, hat sich in den letzten Jahren zu einem gelungenen Ort für Freiluftausstellungen von unterschiedlichen Bildern und vor allem Fotografien entwickelt.

Im Schloss Tivoli, das im 17. Jahrhundert von den Jesuiten erbaut wurde und als Sommerresidenz der Bischöfe von Ljubljana diente, befindet sich heute das Internationale Grafische Zentrum.

Der Rückweg führt entlang der Straße zwischen der Kirche des Hl. Kyrill und Method und dem Neuzubau der Nationalgalerie zur Straße Puharjeva ulica, die stadteinwärts zum Argentinischen Park – Argentinski park führt. Der Name des Parks geht auf die Bemühungen Sloweniens und Argentiniens zurück, ihre Kontakte zu festigen.

Überquert man den gegenüberliegenden Platz mit Gebäuden aus den 70er und 80er Jahren des vorigen Jahrhunderts, öffnet sich auf der linken Seite erneut ein Park, der Miklošič-Park – Miklošičev park, hinter dem das prunkvolle Gebäude des Justizpalasts thront. Der Park, der nach dem Sprachwissenschaftler Fran Miklošič benannt ist, ist der einzige Jugendstil-Park der Stadt. Sollte jemand das Flair Wiener Kaffeehäuser vermissen, empfiehlt sich unbedingt das Café des Grand Hotel Union, um danach frisch gestärkt am Prešernov trg – Prešeren-Platz den Spaziergang abzuschließen.

Ein alternativer Retourweg biegt nach der Bahnunterführung und nach der Modernen Galerie rechts in die Prešeren Straße – Prešernova ulica ab. Folgt man der Straße, kommt man an zahlreichen Botschaften (USA, Russland, Deutschland, Österreich, Mazedonien ...), dem slowenischen Außenministerium, dem Naturhistorischen Museum und dem Regierungspalast vorbei. Das slowenische Außenministerium residiert heute im einstigen Verein Mladika, einem Mädchenlyzeum.

Der Regierungspalast ist der Amtssitz sowohl des Präsidenten der Republik Slowenien als auch des Premierministers. Erster hat die Adresse Erjavčeva ulica, Letzterer Gregorčičeva ulica, was bedeutet, dass jeder der beiden Staatsmänner von einer Seite des Prunkpalastes seinen Eingang hat.

Geht man die Prešeren Straße – Prešernova ulica weiter, öffnet sich auf der rechten Seite ein kleiner Platz mit einem eher sozialistisch angehauchten Namen, nämlich der Platz der Jugendarbeitsbrigaden – Trg mladinskih delovnih brigad. Zurückzuführen ist der Name auf Jugendbrigaden, die in der Nachkriegszeit bis in die 70er Jahre des vorigen Jahrhunderts in unzähligen freien Arbeitsstunden Straßen, Eisenbahntrassen, Kanalisationsnetze und Ähnliches in ganz Jugoslawien bauten.

Auf diesem Platz steht eine alte, leider lange nicht mehr in Betrieb befindliche Straßenbahn, die vom 6. September 1901 bis 20. Dezember 1958 in Ljubljana als „ljubljanski tramvaj" fuhr. Der Straßenbahnverkehr verlief auf drei Linien mit 13 Straßenbahnen. Insgesamt hatte das Netz 5.220 Meter und war zur Gänze elektrifiziert. In einer Straßenbahn hatten 30 Passagiere Platz und die Höchstgeschwindigkeit lag bei 30 km/h. In den Jahren 1931 bis 1938 wurde das Netz auf 21 Kilometer mit 53 Straßenbahnen ausgebaut. Als im Jahr 1951 der Trolleybus eingeführt wurde, war dies der Anfang vom Ende der Straßenbahn. Am 20. Dezember 1958 fuhr die Straßenbahn ihre letzte Runde und wurde dabei von mehreren Tausend Menschen begleitet. Die Schienen wurden schnell entfernt und nach Osijek (heutiges Kroatien) und Subotica (heutiges Serbien) verkauft. Ideen, Wünsche und Pläne für eine Wiederbelebung des Straßenbahnverkehrs existieren bisher nur auf dem Papier.

In unmittelbarer Nähe des Regierungspalastes steht das Kulturzentrum Cankarjev dom, das größte Investitionsabenteuer im kulturellen Bereich des vorigen Jahrhunderts. Das Kulturzentrum erfreut sich anhaltend großer Beliebtheit und internationale Ensembles verschiedenster Kulturrichtungen geben hier ihre Gastvorstellungen.

Nachdem der Weg schon so „staatsträchtig" ist, sollte man unbedingt noch vorbei am Parlamentsgebäude, genau gegenüber dem Kulturzentrum Cankarjev dom. Das Parlament erreicht man, indem man den Platz der Republik, auf welchem am 25. Juni 1991 die Unabhängigkeit der Republik Slowenien proklamiert wurde, überquert.

Das Gebäude hat die Form eines Quadrats und wurde in den Jahren 1954 bis 1959 erbaut. Das Parlament kann man nach vorheriger Ankündigung auch besichtigen. Es ist ratsam, sich einfach an der Rezeption des Gebäudes (welche 24 Stunde das ganz Jahr geöffnet hat) nach Besichtigungsmöglichkeiten zu erkundigen. Es besteht Ausweispflicht.

In der Beethovnova ulica – Beethoven Straße gleich rechts vom Parlament befindet sich im Keller eines Gebäudes ein Jazzclub – Jazzclub Gajo, der von außen kaum erkennbar ist. Hat man Glück, kann man dort nicht nur außerordentliche slowenische Jazzspieler (unter ihnen auch den Eigentümer und Motor des Clubs), sondern auch international anerkannte Künstler hören.

Orientiert man sich in Richtung Fluss Ljubljanica, kommt man vorbei am Park Zvezda bzw. dem Kongressplatz – Kongresni trg und gelangt links über die Wolfova Straße – Wolfova cesta wieder zurück zum Prešernov trg – Prešeren-Platz.

NATIONALGALERIE SÜDPORTAL

NATIONALGALERIE

KIRCHE DES HL. KYRILL UND METHOD

INNENANSICHT

PREŠEREN-PLATZ UND DOM VON LJUBLJANA

MODERNE GALERIE

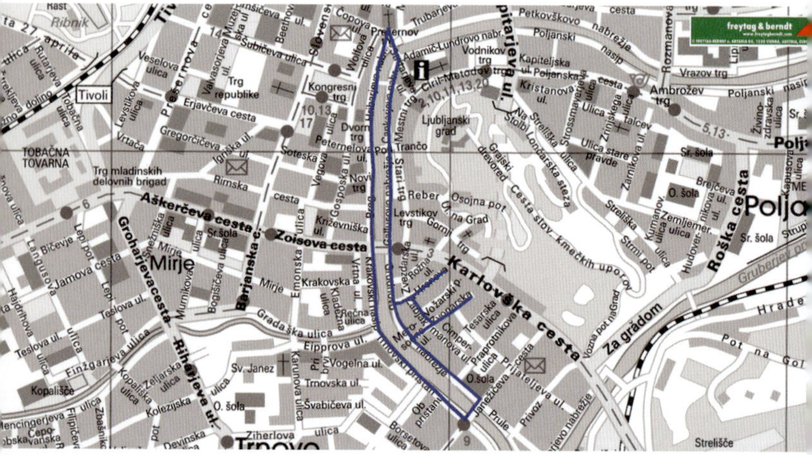

AM UFER DER LJUBLJANICA

6. INS GRÜNE UND BLAUE

Ljubljana ist eine Stadt mit sehr vielen Grünflächen, vielen kleinen Parks, drei Waldhügeln fast direkt im Stadtzentrum und einem Fluss, der Leben bringt. Spaziert man vom Prešernov trg – Prešeren-Platz flussaufwärts entlang der Ljubljanica, am besten auf der rechten Uferseite, spiegeln sich neben den freundlichen Häuserfassaden zunächst die hölzerne Fußgängerbrücke, dann die Schusterbrücke – Čevljarski most und nach dem Ufer Breg die St.-Jakobs-Brücke – Šentjakobski most im Blau und Grün der Ljubljanica, bis man zum Ufer Krakovo – Krakovski nasip kommt. Dieses wurde vor kurzem mit einer Architekturausschreibung wieder zu einem fußgängerfreundlichen Spazierweg umgestaltet und mit dem anschließenden Ufer Trnovo – Trnovski pristan verbunden. Das Ufer bzw. die Anlegestelle Trnovo – Trnovski pristan ist eines der schönsten und romantischsten Ufer an der Ljubljanica. Freundliche Weiden spenden Schatten, während man auf den Bänken die Sonne genießt. Im Sommer gibt es eine Freiluftbibliothek mit bequemen Liegestühlen und nicht selten bekommt man Besuch von Enten und Schwänen. Überquert man die Ziegelbrücke Prule – Prulski most, kommt man in den Stadtteil Prule, in dem man einige wirklich alte entzückende Häuschen findet. Ach, wären da nicht die Wohnblocks aus den 60er und 70er Jahren des vorigen Jahrhunderts, die dem Stadtteil nicht wirklich viel Positives, außer reiner Wohnfläche, gebracht haben.

Sucht man nach den Adressen Žabjak, Hrenova ulica oder Rožna ulica, kann man sich in alte Zeiten zurückversetzen, als die Häuser noch eng aneinandergeschmiegt ihren Bewohnern Schutz boten. Bevor man auf die Hauptstraße und zur St.-Jakobs-Brücke – Šentjakobski most gelangt, von der aus man fast wieder die rosafarbene Franziskanerkirche sehen kann, befindet sich auf der rechten Seite neben einem kleinen Park mit einigen Skulpturen und einem kleinen Spielplatz das Freiluftcafé „Kiparnica", das nur im Sommer bzw. bei gutem Wetter geöffnet ist. Der Name kommt von Skulptur, und eine solche steht auch auf der Wiese. Es ist ein angenehmer Verweilplatz für Familien mit Kindern, die hier ungestört und sicher herumtoben können, während die Eltern sich eine Pause gönnen.

Über die Ufer Gallus – Gallusovo nabrežje und Cankar – Cankarjeva nabrežje gelangt man dann wieder zum Prešernov trg – Prešeren-Platz . Alternativ kann man aber auch vorbei an der St. Jakobskirche – Cerkev Sv. Jakoba über den Oberen Platz – Gornji trg, dem Alten Platz – Stari trg und dem Stadtplatz – Mestni trg zurück zur Franziskanerkirche gehen.

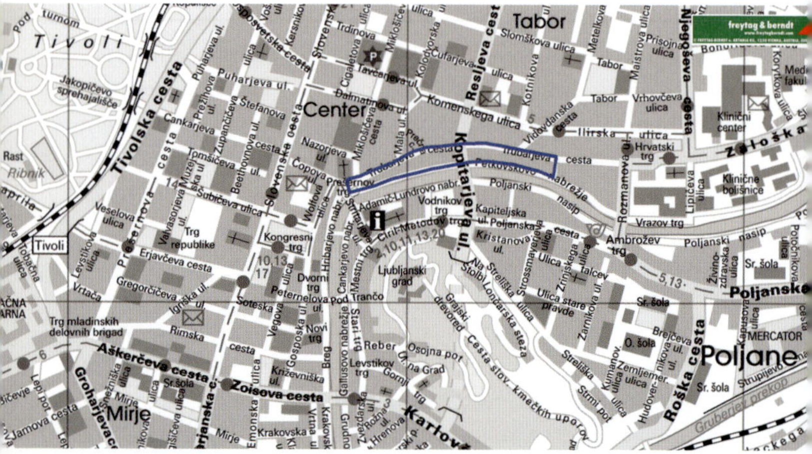

AM UFER DER LJUBLJANICA

7. FLUSSABWÄRTS

Die Trubarjeva cesta – Trubar Straße ist eine Parallelgasse flussabwärts der Ljubljanica. Beginnt man mit dem Spaziergang am Prešernov trg – Prešeren-Platz, steht gleich zu Beginn der Trubarjeva cesta das wunderschöne Jugendstilhaus Palais Urbanc. Das Palais Urbanc wurde im Jahr 1903 als erstes Warenhaus Ljubljanas erbaut und nun, nach dem abgeschlossenen Denationalisierungsverfahren, streben die Erben wieder danach, es in ein solches umzuwandeln. In den Jahren des „sozialistischen Eigentums" befand sich im Palais auch das sehr beliebte und gut sortierte Warenhaus „Centromerkur", welches jedoch die Zeit überholte. Dennoch hatte es unter einigen Stadtbewohnern den Kosenamen „Harrod's", denn angeblich bekam man alles, von der Nadel bis zum Elefanten ...

Links und rechts der Gasse, die mal enger ist und sich mal wieder zu einem kleinen Platz öffnet, findet man kleine Läden, Antiquitätenhändler, Cafés und ziemlich am Anfang auf der rechten Seite auch einen der traditionsreichsten Frisiersalons der Stadt, den der Mentorin und Lehrerin zahlreicher slowenischen Friseurmeister, Meta Podkrajšek. Erwähnenswert ist der Salon wegen seiner Ursprünglichkeit und positiven Verrücktheit. Uralte Holzschaufenster mit alten Requisiten und drinnen der Hauch von Nostalgie mit modernsten Kreationen.

Die Trubarjeva cesta – Trubar Straße geht nach der Resljeva cesta – Resljeva Straße (die man an einer Fußgängerampel überquert – rechts sieht man die Drachenbrücke) noch weiter. Wieder reihen sich Läden, die den Hauch alter Zeiten verströmen, die Häuser sind klein, niedrig, wirken verzaubert.

Nach einigen Hundert Metern kommt man zu einem alten Industriekomplex auf der rechten Seite, dem ehemaligen Fahrradhersteller Rog. Der Industriekomplex ist ein herausragendes Beispiel industrieller Architektur, befindet sich heute allerdings in einem bedauernswerten Zustand.

Über eine der engen, mit altem, rundem Kopfsteinpflaster gepflasterten Gassen kommt man zum Flussufer und kann entlang der Ljubljanica flussaufwärts wieder zurück zum Ausgangspunkt Prešernov trg – Prešeren-Platz spazieren.

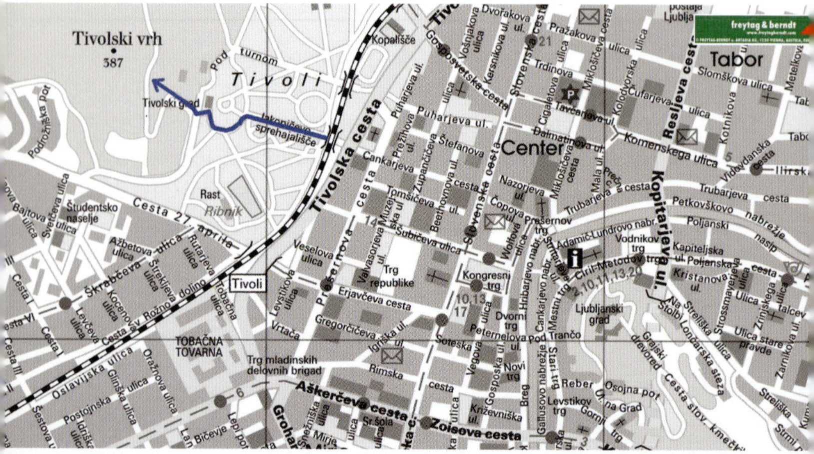

STADTPARK TIVOLI

8. STADTPARK TIVOLI

Nachdem die natürliche Achse der Stadt, die von den Drei Brücken über die Cankarjeva Straße bis zum Schloss Tivoli führt, durch den Bau einer Umfahrungsstraße Ende der 60er Jahre des vorigen Jahrhunderts unterbrochen wurde, baute man eine Unterführung, durch welche man wieder zur Jakopičevo sprehajališče – Jakopič-Promenade (früher Lattermann-Promenade) gelangt. Die Jakopič-Promenade gleich nach der Bahnunterführung ist der Ausgangspunkt für diesen Spaziergang. An ihrem Ende befindet sich das Schloss Tivoli. Es liegt am Fuße des „Stadtberges" Rožnik und wurde im 17. Jahrhundert von den Jesuiten erbaut. Seit 1773 war es die Sommerresidenz der Bischöfe von Ljubljana, umgeben von Obstgärten und anderen Plantagen. Im 19. Jahrhundert übernahm das Gut der Habsburger Feldmarschall Johann Radetzky und baute dieses im klassizistischen Stil um. 1863 erwarb die Stadtgemeinde Ljubljana das Gebäude und teilte es in mehrere Wohneinheiten. Heute befindet sich im Schloss das Internationale Grafische Zentrum.
Vor dem Schloss war im 19. Jahrhundert ein Park, 1870 wurde auch der Treppenaufgang zugebaut, der von vier Hunden bewacht wird. Eine Besonderheit dieser Hunde ist, dass sie keine Zungen haben, was lange Spekulationen nährte, warum der Bildhauer Selbstmord beging. Die Fontäne mit dem Jungen mit dem Fisch wurde um die Jahrhundertwende gebaut.
Hinter dem Schloss steht ein Haus im alpenländischen Stil, das Schweizerhaus genannt, daneben beginnt der Baumlehrpfad Jesenkova pot. Verschiedene Wege führen, immer Richtung Westen, hinauf auf den Hügel Rožnik. Der Rožnik wird von den Stadtbewohnern gerne für Spaziergänge genutzt und bietet als Fortsetzung des Parks Tivoli noch mehr Fitnessmöglichkeiten. Das beliebteste Ausflugsziel ist Cankarjev vrh (394 m), benannt nach dem slowenischen Schriftsteller Ivan Cankar, der von 1910 bis 1917 auf einem Bauernhof wohnte. An dem Ort steht heute ein Gasthof mit einem eigens eingerichteten Cankar-Zimmer. Nicht weit entfernt befindet sich ein weiteres Ausflugsziel, der Zoo von Ljubljana.

STADTPARK TIVOLI

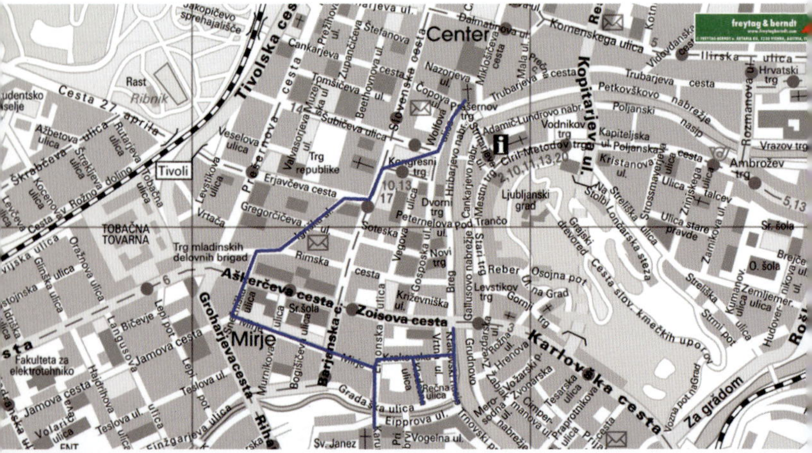

WOLKENKRATZER

DUNAJSKA UND SLOVENSKA STRASSE

9. DIE SLOVENSKA CESTA VON NORDEN NACH SÜDEN

Die Slovenska cesta – Slowenische Straße ist die natürliche Verlängerung der Dunajska cesta – Wiener Straße, einer der Haupteinfallstraßen der Stadt.

Ihren Beginn markieren zwei große Gebäude, zur rechten der Kozolec – die Heuharfe, und zur linken, zurückversetzt in einen Innenhof, die Börse von Ljubljana.

Den Namen Kozolec – die Heuharfe erhielt das charakteristische Gebäude schon während der Bauzeit, da der Skelettbau an eine typische slowenische Heuharfe erinnerte.

Die Börse von Ljubljana kann auf eine lange Geschäftstradition zurückblicken, da bereits am 18.8.1924 der erste Börsentag war. Die ersten Räumlichkeiten fand die Börse von Ljubljana in der Philharmonie am Kongressplatz, zur Zeit der Börseneröffnung wurde mit 27 Papieren gehandelt, wovon die meisten Staatspapiere waren. Unter den Herausgebern fanden sich aber auch die Vorgänger einiger heute bedeutender slowenischer Unternehmen, wie z. B. die Pivovarna Union – Brauerei Ljubljana oder die Union Hotelgesellschaft.

Die Folgen des Zweiten Weltkrieges bekam auch die Börse von Ljubljana zu spüren, die ihre Tätigkeit beenden musste. Nach einer fast 50-jährigen Pause wurde am 26. Dezember 1989 die Aktiengesellschaft Ljubljanska borza gegründet, die gute drei Monate später auch zu handeln begann. Mitte 2008 wurden 81,01 % Anteile der Börse von Ljubljana an die Wiener Börse verkauft.

Das ehemalige Hotel Evropa ist eines der wenigen größeren Gebäude, das Ende der 60er Jahre des 19. Jahrhunderts in Ljubljana erbaut wurde, da sich die Stadt zu diesem Zeitpunkt in einer schweren Wirtschaftskrise befand, da die Eisenbahn von Ljubljana nach Triest verlängert wurde. Heute findet man darin eine Bibliothek, kleine Geschäfte und ein Café mit angeschlossenem Bistro/Restaurant.

Der Gasthof Figovec steht bereits seit zwei Jahrhunderten an der Ecke Gosposvetska cesta/Slovenska cesta. Vor langer Zeit war er beliebter Treffpunkt von Fuhrmännern und Bauern, die zu Markttagen in die Stadt kamen.

Das älteste Gasthaus der Stadt ist jedoch das Gasthaus Šestica – Sechser, das Fuhrmännern und Händlern auf dem Weg von Triest nach Wien Rast und Stärkung bot. Das erste, mit Stroh bedeckte Gebäude

SLOVENSKA STRASSE

BÖRSE

NATIONALBANK UND WOLKENKRATZER

aus dem Jahr 1670 teilten sich zahlreiche Eigentümer und Mieter, 1776 mietete es ein Wirt und ab diesem Jahr beginnt auch die offizielle Geschichte des Gasthauses. Seinen Namen verdankt das Gasthaus der Hausnummer 6, die es bis vor einigen Jahren beibehielt, obwohl sich die Namen der Straße öfters änderten. Nun trägt es die Hausnummer 40.

Gegenüber steht der Nebotičnik – Wolkenkratzer, Ljubljanas erstes Hochhaus. Es wurde 1933 erbaut und war damals das höchste Gebäude Mitteleuropas.

Angeschlossen an den Wolkenkratzer ist das Gebäude der slowenischen Nationalbank. Erbaut wurde das Gebäude im Jahr 1920 und es war eines der ersten der Stadt mit einem Aufzug – einem Paternoster.

Gegenüber liegt das Hotel „Slon" – der Elefant, das seinen Namen einem Elefanten namens Soliman verdankt, den der österreichische Herzog Maximilian II. als Hochzeitsgeschenk mit sich führte.

Die Hauptpost gegenüber dem Hotel Slon auf der Čopova ulica – Čopova Straße wurde 1896 nach Plänen des Wiener Amtes für Postgebäude erbaut. Das Gebäude im Neo-Renaissance-Stil spiegelt die Bauweise von Amtsgebäuden der damaligen Zeit wider.

Nicht übersehen sollte man auch den Bau der 70er Jahre des vorigen Jahrhunderts auf der gegenüberliegenden Straßenseite, der zwar nicht besonders hübsch ist, dafür aber die größte Buchhandlung, nämlich Konzorcij, beherbergt. Im 1. Stock des Gebäudes findet man Bücher in mehreren Sprachen aller Genres.

Am nördlichen Rand des Kongressplatzes steht das Gebäude Kazina. Es wurde im neoklassizistischen Stil erbaut und war ein geselliger Treffpunkt höherer Gesellschaftskreise. Heute befinden sich in dem Gebäude unter anderem das Institut der neueren Geschichte und die Tanzschule Kazina.

Die Dreifaltigkeits- bzw. Ursulinenkirche ist eine weitere markante Kirche der Stadt. Sie ist mit einem architektonisch bewundernswerten Gebäudekomplex verbunden und zählt zu den schönsten Barockkirchen Ljubljanas.

Im Theater Drama, das in den Jahren 1909 bis 1911 errichtet wurde, befand sich das Deutsche Theater. Seit 1919 ist hier das Slowenische Nationaltheater.

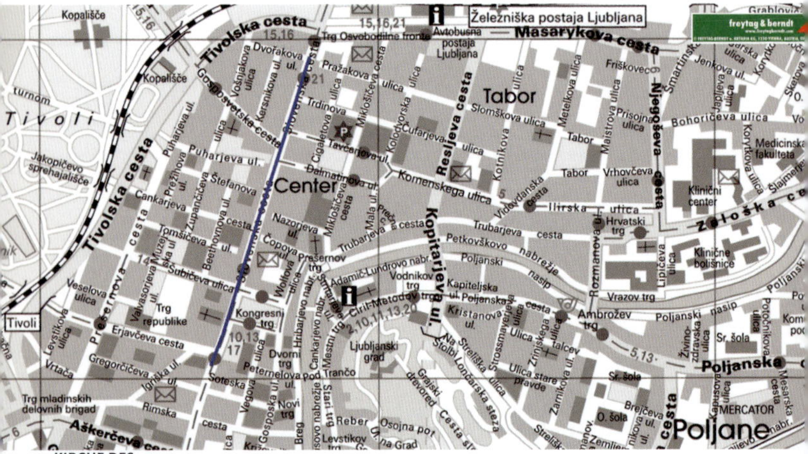

KIRCHE DES
HL. JOHANNES IM STADTTEIL TRNOVO

GEMÜSEGÄRTEN IN KRAKAU

10. LJUBLJANAS GEMÜSEGÄRTEN

Nördlich der Ljubljanica am Trnovski pristan – Anlegestelle Trnovo bzw. am Krakovski nasip – Krakau-Damm liegt der Stadtteil Krakovo. Krakovo hat sich bis heute sein mittelalterliches Aussehen bewahrt. Der Stadtteil ist großteils eine Wohngegend und war früher weithin bekannt für seinen Gemüseanbau.

Hier kann man das Schlendern durch die wenigen kleinen Gassen, zwischen Häusern mit ausgesprochen bäuerlichem Charakter, am besten im kleinen Gasthäuschen, dem zwar nicht slowenischen, dafür aber typisch bosnische Lokal „Harambaša", unterbrechen. Čevapčiči, Joghurt und am Ende einen bosnischen Kaffee mit einer traditionellen „Drina" (Zigarette) genießt man an einigen wenigen Tischen und auch diese sind eher dem Boden nahe.

Gleich über dem Fluss Gradaščica, bereits im Stadtteil Trnovo, steht die Kirche des Hl. Johannes – Sv. Janez. Der Platz vor der Kirche ist verbunden mit der Brücke, die der Architekt Jože Plečnik entwarf. Die ursprüngliche Kirche wurde im Jahr 1753 erbaut, da diese aber zu klein war, wurde in den Jahren 1854 bis 1857 die heutige Kirche gebaut. Die jetzige Form bekam die Kirche nach dem großen Erdbeben 1895.

Lange Jahre war in dieser Kirche der Schriftsteller Fran Saleški Finžgar Pfarrer. Er und Architekt Plečnik, dessen Haus an die Pfarre grenzt, waren sehr gute Freunde. So gute Freunde, dass Finžgar sogar die Mauer zwischen den beiden Grundstücken entfernen ließ.

Die Straßen Emonska cesta und Mirje führen zu den Überresten der Römischen Mauer, die das antike Emona umgaben. Emona zählte etwa 5.000 bis 6.000 Einwohnter und war vor allem eine Handelsstadt. Über die kleine Snežniška ulica gelangt man zur Rimska ulica – Römische Gasse und ist bereits mitten im Univiertel, was am Publikum in den zahlreichen kleinen Cafés nicht zu übersehen ist.

Von hier aus sieht man bereits die Dächer der Drama – des Deutschen Theaters oder des Kulturzentrums Cankar – Cankarjev dom und kann den Rückweg zum Prešernov trg – Prešeren-Platz entweder über den Kongresni trg – Kongressplatz und der Wolfova ulica – Wolfova Straße oder vorbei am Parlament über die Bethovnova ulica – Beethoven Straße und Čopova ulica – Čopova Straße finden.

EINGANG ZUM ZENTRALFRIEDHOF ŽALE

KIRCHE DES HL. MICHAEL AM MOOR

ETWAS AUSSERHALB DES STADTZENTRUMS

11. ZENTRALFRIEDHOF ŽALE

Mit dem schnellen Wachstum der Stadt wurde die traditionelle Art der Beisetzung, bei der der Leichenzug vom Heim des Verstorbenen zum Friedhof führte, unpraktikabel. Schon Mitte der 20er Jahre beschäftigte sich das Stadtbauamt mit Lösungsvorschlägen und Plänen einer städtischen Aufbahrungshalle, nur leider fiel die Realisierung der Weltwirtschaftskrise zum Opfer. Auf Vorschlag eines Stadtrates wurde der Architekt Jože Plečnik mit dem Plan beauftragt und schlug anstelle einer unpersönlichen modernen Leichenhalle mehrere Abschiedskapellen im Park vor dem Friedhof vor. Diese sollten gemäß den damaligen sieben Begräbnisklassen unterschiedlich reich verziert und gestaltet werden. Im Jahr 1936 kündigte der damalige Bürgermeister Adlešič den Bau von 17 Kapellen an. Ein Jahr danach schlug Plečnik seine erste Variante vor, wonach die Kapellen von Privatiers gebaut werden sollten, die darin ihre Familiengruften hätten. Der Stadtrat war dagegen. Der Bau war eine ziemliche finanzielle Anstrengung für die Stadt und so hat Plečnik seine Pläne nach und nach den Bauherren präsentiert und erreichte damit, dass trotz knapper Mittel der Großteil seiner Ideen, wenn auch im kleineren Ausmaß, verwirklicht wurden.

Im Zweiten Weltkrieg bot sich dann die Möglichkeit, den Zentralfriedhof in gesamter geplanter Größe auszubauen und so plante Plečnik den Blumenladen und eine gesonderte Kapelle für Soldaten. Im Jahr 1979 verlor der Zentralfriedhof seine Friedhofsrolle und erst 1991, nach vehementem Druck der Öffentlichkeit, wurde dieser Komplex wieder renoviert und dem ursprünglichen Zweck gewidmet. Dem Gesamtkomplex wollte Plečnik etwas Optimistisches geben und verzichtete deshalb auf dunkle Trauerfarben. Geschickt verband er weiße Baumaterialien mit dem Grün der Natur. Durch den kürzlich fertiggestellten Park vor den Toren von Žale wurde dieser noch mehr zum Ort für Spaziergänge und Meditation der Stadtbewohner. Plečnik entwarf auch zahlreiche Grabstätten sowie Familiengruften und wenn man durch den Friedhof spaziert, erkennt man unschwer Plečniks Handschrift.

12. PLEČNIKS KIRCHE DES HL. MICHAEL IN ČRNA VAS AM MOOR (NUR MIT DEM AUTO ZU ERREICHEN!)

Plečniks Kirche des Hl. Michael in Črna vas (Schwarzes Dorf) am Moor von Ljubljana wurde auf Anregung des Priesters Fran Saleški Finžgar

und des Katecheten und Neffen von Plečnik, Karl Matkovič, erbaut. Zunächst war sie als temporäre Kirche gedacht, daher ist nur das Fundament der Kirche aus Stein, alles andere aus Holz. Wegen des Moors steht die Kirche auf Pfeilern, bis zum Kirchenschiff im 1. Stock führt ein Zugang in Form einer Brücke. Die Außenfassade ist der National- und Universitätsbibliothek aufgrund ihrer Steinelemente sehr ähnlich, ähnlich ist auch der Treppenaufgang, der rechtwinklig zum Kirchenschiff positioniert ist. Markant ist auch der offene Glockenturm.
Die karge Innenausstattung ist Folge der beschränkten finanziellen Mittel, die für den Bau zur Verfügung standen, zum Beispiel wurden für einige Stützpfeiler einfache Kanalisationsrohre verwendet, der Großteil der Innenausstattung ist aus Holz.

13. POT SPOMINOV IN TOVARIŠTVA – DER WEG ENTLANG DES EHEMALIGEN STACHELDRAHTES UM DIE BESETZTE STADT LJUBLJANA

Der 34 Kilomenter lange Weg führt entlang des ehemaligen Stacheldrahtes, der während des Zweiten Weltkrieges (zwischen 1942 und 1945) die Stadt Ljubljana umgab. Aufgestellt wurde er von den italienischen Besatzern und schottete Ljubljana 1.171 Tage von der Außenwelt ab. Auf mehreren Abschnitten sind Gruppen von 88 Bäumen gepflanzt – diese Alleen wurden „Zum Gedenken an Tito" gepflanzt, die Zahl 88 stellt seine Lebensjahre dar. Dieser Weg, von den Stadtbewohnern kurz PST genannt, ist eine einmalige städtische Infrastruktur, die den Bewohnern in allen vier Jahreszeiten Möglichkeiten zur Rekreation bietet. Von einfachen Spazierwegen über Laufwege und Radwege bis hin zu anspruchsvolleren Bergwegen auf dem Golovec findet jeder was für sich.

14. ŠMARNA GORA – DER HAUSBERG DER STADT

Die Šmarna gora ist ein beliebtes Ausflugsziel für Wanderer und Erholungssuchende. Die beiden Gipfel Šmarna gora und Grmada liegen auf einer Höhe von 699 bzw. 676 Metern. Wegen der Lage und des wunderschönen Ausblicks über die Stadt wird sie gerne von Familien besucht und dient auch als Fitnesstrainer für Jung und Alt. Zum Gipfel führen mehrere Wege unterschiedlichen Schwierigkeitsgrades, die am Fuße des Berges gut markiert sind. Hier ist auch ein großer Parkplatz, erreichbar auch mit dem Stadtbus.

SKULPTUR VOR DER MODERNEN GALERIE,
IM HINTERGRUND KIRCHE DES HL. KYRILL UND METHOD

6. MUSEEN UND GALERIEN

Prirodoslovni muzej – Naturgeschichtliches Museum
Prešernova 20
1000 Ljubljana
Tel. +386 1 241 09 40
www2.pms-lj.si
Mo bis So 10–18 Uhr
Do 10–20 Uhr

Slovenski etnografski muzej – Slowenisches Volkskundemuseum
Metelkova 2
1000 Ljubljana
Tel. +386 1 3008 700
www.etno-muzej.si
Di bis So 10–18 Uhr
freier Eintritt jeden letzten So im Monat

Narodni muzej Slovenije – Slowenisches Nationalmuseum
Prešernova 20
1000 Ljubljana
Tel. +386 1 241 44 00
www.narmuz-lj.si
Mo bis So 10–18 Uhr
Do 10–20 Uhr

Muzej novejše zgodovine – Museum der neueren Geschichte
Celovška 23
1000 Ljubljana
Tel. +386 1 300 96 10
www.muzej-nz.si
Di bis So 10–18 Uhr

Tehniški muzej Slovenije – Slowenisches Technikmuseum
Bistra 6
1353 Borovnica
Tel. +386 1 750 66 70
www.tms.si
Di bis Fr 8–16 Uhr
Sa 8–17 Uhr
So, Feiertag 10–18 Uhr

Arhitekturni muzej – Architekturmuseum, Plečniks Geburtshaus (Karunova 4)
Grad Fužine, Pot na Fužine 2
1000 Ljubljana
Tel. +386 1 540 97 98
www.aml.si
Mo bis Fr 10–14 Uhr
Gruppen nach Vereinbarung

Arhitekturni muzej – Plečniks Architekturmuseum
Plečnikova zbirka
Karunova 4-6
1000 Ljubljana
Tel. +386 1 280 16 00
www.aml.si

Mestni muzej Ljubljana – Stadtmuseum
Gosposka 15
1000 Ljubljana
Tel. +386 1 24 12 500
www.mestnimuzej.si
Di bis So 10–18 Uhr

Slovenski šolski muzej – Slowenisches Schulmuseum
Plečnikov trg
1000 Ljubljana
Tel. +386 1 251 30 24
www.ssolski-muzej.si
Mo bis Fr 9–13 Uhr
Gruppen nach Vereinbarung

Železniški muzej – Bahnmuseum
Parmova 35
1000 Ljubljana
Tel. +386 1 291 26 41
Di bis So 10–18 Uhr
Gruppen nach Vereinbarung

Zemljepisni muzej – Geografisches Museum
Gosposka 13
1000 Ljubljana
Tel. +386 1 470 63 50
Mo bis Fr 9–20 Uhr
Sa 8–13 Uhr

Pivovarski muzej – Biermuseum
Pivovarniška 2
1000 Ljubljana
Tel. +386 1 471 73 40
www.pivo-union.si
Besichtigungen nach Vereinbarung

Tobačni muzej – Tabakmuseum
Tobačna 5
1000 Ljubljana
Tel. +386 1 425 52 17
jeden 1. Mittwoch und 3. Donnerstag im Monat 10–18 Uhr

Farmacevtsko medicinska zbirka Buhoslava Lavičke – Pharmazeutisches Museum – Sammlung von Buhoslav Lavička (Apotheken aus dem 16. und 19. Jh.)
Verovškova 57
1000 Ljubljana
Tel. +386 1 580 21 11
www.lek.si/slo/predstavitev/lavickova-zbirka

Narodna galerija – Nationalgalerie
Prešernova 24
1000 Ljubljana
Tel. +386 1 241 54 18
www.ng-slo.si
Di bis So 10–18 Uhr

Moderna galerija – Moderne Galerie
Tomšičeva 14
1000 Ljubljana
Tel. +386 1 241 68 00
www.mg-lj.si
Di bis So 10–18 Uhr
Freier Eintritt jeden ersten Sonntag im Monat

Mednarodni grafični likovni center – Internationales Grafisches Zentrum
Schloss Tivoli, Pod turnom 3
1000 Ljubljana
Tel. +386 1 241 38 00
www.mglc-lj.org
Gruppen nach Vereinbarung
Mi bis So 11–18 Uhr

Mestna galerija – Stadtgalerie
Mestni trg 5
1000 Ljubljana
Tel. +386 1 241 17 70
www.mestna-galerija.si
Di bis Sa 10–18 Uhr
So, Feiertag 10–13 Uhr

Mala galerija – Kleine Galerie
Slovenska 35
1000 Ljubljana
Tel. +386 1 241 17 70
www.mg-lj.si

Jakopičeva galerija – Galerie Jakopič
Slovenska 9
1000 Ljubljana
Tel. +386 1 425 23 93
Di bis Sa 10–18 Uhr
So 10–13 Uhr

Bežigrajska galerija 1 – Galerie Bežigrad 1
Dunajska 31
1000 Ljubljana
Tel. +386 1 436 69 57
www.mestna-galerija.si
Di bis Fr 10–18 Uhr
Sa 10–13 Uhr

Bežigrajska galerija 2 – Galerie Bežigrad 2
Vodovodna 3
1000 Ljubljana
Tel. +386 1 436 40 57
www.mestna-galerija.si
Di bis Fr 10–18 Uhr
Sa 10–14 Uhr

Galerija Equrna – Galerie Equrna
Gregorčičeva 3
1000 Ljubljana
Tel. +386 1 252 71 23
www.equrna.si
Mo bis Fr 10–19 Uhr

Galerija ŠKUC – Galerie ŠKUC (alternative junge Kunst)
Stari trg 21
1000 Ljubljana
Tel. +386 1 251 65 40
www.galerija.skuc-drustvo.si
Di bis So 12–20 Uhr

Galerija Cankarjevega doma – Galerie des Kulturzentrums Cankar
Prešernova 10
1000 Ljubljana
Tel. +386 1 241 71 00
www.cd-cc.si
Di bis Sa 10–19 Uhr
So 10–14 Uhr

Arhitekturna galerija DESSA – Architekturgalerie DESSA
Židovska steza 4
1000 Ljubljana
Tel. +386 1 251 40 74
Mo bis Fr 10–15 Uhr

Galerija avla NLB – Galerie im Foyer der Bank NLB
Nova ljubljanska banka
Šubičeva 2
1000 Ljubljana
Tel. +386 1 200 08 66
Mo bis Fr 8–18 Uhr

Galerija Luwigana – Galerie Luwigana
Gornji trg 19
1000 Ljubljana
Tel. +386 1 252 73 69
Mo bis Fr 15–20 Uhr
Sa 10–14 Uhr

Razstavni prostor Kresije – Ausstellungsraum Kresija (im Kreisamt)
Stritarjeva 6
1000 Ljubljana
Tel. +386 1 306 11 71
Mo bis Fr 10–18 Uhr
Sa 10–14 Uhr
So 10–13 Uhr

SCHIFF AUF DER LJUBLJANICA

7. ORGANISIERTE STADTBESICHTIGUNGEN

Das TIC – Touristische Informationszentrum der Stadt Ljubljana

Stritarjeva ulica
1000 Ljubljana
Tel. +386 1 306 12 15
E-Mail: tic@visitljubljana.si
www.visitljubljana.si
Juni bis September 8–21 Uhr
Oktober bis Mai 8–19 Uhr
bietet unterschiedliche Stadtbesichtigungen in verschiedenen Sprachen an. Gruppen sollten im Voraus buchen.

RATHAUS

Führungen in slowenischer und englischer Sprache
samstags um 13 Uhr

MIT DEM TOURISTISCHEN KLEINZUG ZUR BURG

Abfahrt jede volle Stunde von der Stritarjeva ulica in der Nähe des TIC, erste Abfahrt 9 Uhr, Rückfahrt alle 20 Minuten nach der vollen Stunde.
Audioguide in slowenischer und englischer Sprache

BURG

Führungen in slowenischer und englischer Sprache
von 1. Juni bis 15. September täglich um 10 und 16 Uhr

ZUR BURG ZU FUSS UND MIT DER ZAHNRADBAHN

Führungen in slowenischer und englischer Sprache
von 6. April bis 11. Oktober
täglich um 10 Uhr
Ausgangspunkt: Rathaus
Dauer: 2 Stunden

ZUR BURG ZU FUSS UND MIT DEM TOURISTISCHEN KLEINZUG

Führungen in slowenischer und englischer Sprache
von 6. April bis 11. Oktober
täglich um 17 Uhr
Ausgangspunkt: Rathaus
Dauer: 2 Stunden

ZU FUSS DURCH DIE ALTSTADT UND MIT DEM BOOT AUF DER LJUBLJANICA

Spaziergang durch die Altstadt und Flussfahrt

von 6. April bis 11. Oktober

täglich um 14 Uhr

Ausgangspunkt: Rathaus

Dauer: 2 Stunden

MIT DEM BOOT AUF DER LJUBLJANICA

von 6. April bis 11. Oktober

täglich um 12 und 16 Uhr

Ausgangspunkt: Anlegestelle Ribji trg

Dauer: 1 Stunde

INDIVIDUELLE FLUSSFAHRT AUF DER LJUBLJANICA

von 6. April bis 11. Oktober

täglich um 10, 11, 13, 17, 18, 19 und 20 Uhr

Ausgangspunkt: Anlegestelle Ribji trg

BALLONFAHRT ÜBER DER STADT

von 1. April bis 31. August um 7 und 18 Uhr

von 1. September bis 31. März um 8 und 17 Uhr

Ausgangspunkt: Krekov trg 10, STIC

Dauer: 3–4 Stunden

DIE DRACHENCHIFFRE – DAS GEHEIMNIS DER STADT LJUBLJANA

von Juni bis September

mittwochs 18 Uhr und samstags 10 und 18 Uhr, Voranmeldung notwendig

Ausgangspunkt: Rathaus

Dauer: 1,5 Stunden

LJUBLJANA MIT EINEM DIGITALEN FÜHRER

Erhältlich im TIC

täglich ganzjährig

Ausgangspunkt: TIC – Stritarjeva

Sprachen: Slowenisch, Deutsch, Englisch, Italienisch

Dauer: 2,5 Stunden

Mietdauer: 5 Stunden

8. TRADITIONELLE VERANSTALTUNGEN IN DER STADT

ENDE MAI	DRUGA GODBA Internationales Festival der Alternativ- und Ethno-Musik
ENDE JUNI	Internationales JAZZ-Festival im Freilufttheater Križanke
ENDE JUNI ANFANG JULI	ANA DESETNICA Internationales Straßentheater-Festival
JUNI BIS AUGUST	INTERNATIONALE SOMMERFESTSPIELE Musik-, Theater- und Tanzvorstellungen berühmter in- und ausländischer Künstler von Weltrang im Freilufttheater Križanke und auf der Burg von Ljubljana (bei Schlechtwetter finden Veranstaltungen im Kulturzentrum Cankarjev dom statt – Kartenvorverkauf beginnt bereits im Februar) BIBLIOTHEK unter den Bäumen: Stadtpark Tivoli am Teich und Trnovski pristan – Anlegestelle Trnovo. Zwei außergewöhnliche „Sommerbibliotheken" unter majestätischen Baumkronen, für jedermann zugänglich
JULI BIS AUGUST	SOMMER IN DER ALTSTADT Vielfältiges kulturelles Geschehen und Künstlervorstellungen auf Marktplätzen und in Innenhöfen der Stadt

ANFANG SEP. BIS ENDE OKT. JEDES UNGERADE JAHR	Internationale Grafische Biennale der reproduktiven Grafik Internationales Kunstgrafikzentrum im Schloss Tivoli
SEPTEMBER OKTOBER JEDES GERADE JAHR	BIO – Internationale Ausstellung von Industriedesign Architekturmuseum Schloss Fužine
ANFANG OKTOBER	Stadt der Frauen – Internationales Festival der modernen Kunst von Frauen
ENDE OKTOBER	Internationaler Marathon von Ljubljana
ANFANG NOVEMBER	LIFFE – Internationales Filmfestival von Ljubljana
DEZEMBER	Nikolausmarkt Konzerte auf verschiedenen Plätzen im Stadtzentrum Vorstellungen für Kinder Weihnachtsumzüge Weihnachtsmarkt am Fluss Ljubljanica Silvesterfeier im Stadtzentrum mit Feuerwerk auf der Burg und zahlreichen Konzerten in der Altstadt

9. SLOWENISCHE SHOPPING-INSIDER-TIPPS

ALMIRA SADAR

Tavčarjeva 6, Tel. +386 1 430 13 29, www.almirasadar.com
Damenmode aus der Designwerkstatt der anerkannten Modedesignprofessorin an der Akademie von Ljubljana

AKULTURA

Stari trg 11a, Tel. +386 1 425 17 00, www.akultura.si
Feinste Lammnappa-Lederkleidung in verschiedenen edlen Kombinationen

BUTANOGA

Levstikov trg 8, Tel. +386 1 425 98 88, www.butanoga.org
Maßschuhe im positiv-verrückten Design

STUDIO DRAŽ

Gornji trg 9, Tel. +386 422 25 01, www.draz.si
Gestrickte Haute Couture

BUTIK IKA

Ciril Metodov trg 13, Tel. +386 1 232 17 43
Slowenisches Handwerk und Mode aus ausschließlich slowenischer Produktion – „das Pünktchen auf dem i“ ist auch das Leitmotiv des Ladens

BUTIK POZITIVE

Ul. Janeza Pavla II/5, Tel. +386 041 602 233
Vereinigung junger slowenischer Designer mit Verkaufsraum

CATBRIYUR

Ciril Metodov trg 19, Tel. +386 051 342 293, www.catbriyur.net
Feinstes Porzellan auf moderne Art

ČEVLJARSTVO BARLIČ

Mestni trg 8, Tel. +386 251 29 08
Schuhe und Taschen aus der eigenen Designwerkstatt, sowie ausgefallene ausländische Marken

CLICHE (Jelena Leskovar)

Novi trg 6, Tel. +386 1 422 25 01, www.cliche.si
Durchgestylt ist nicht nur die Mode, sondern auch die Boutique

DARILA ROKUS

an den Drei Brücken, Tel. +386 426 25 15, www.darila.com
Typisch slowenische Souvenirs, kein Kitsch

DEVETKA
Gornji trg 1, Tel. +386 426 95 90
www.devetka.carbonmade.com
Ausgefallene, farbenfrohe, hippe Damenmode

FARANDULA
Ciril Metodov trg 10, www.farandula.si
Slowenisch-kubanisches Modedesign mit interessanten Linien

GALERIJA IDRIJSKE ČIPKE
Mestni trg 17, Tel. +386 425 00 51, www.idrija-lace.com
Traditionelle geklöppelte Spitzen, die ihre Herkunft in der slowenischen Stadt Idrija haben

HONEY HOUSE
Mestni trg 7
Honig aus Slowenien

KRAŠEVKA
Ciril Metodov trg 10, Tel. +386 1 232 14 45, www.krasevka.si
Typisch slowenische Delikatessen, Wein, Honig u.v.m.

MEM COUTURE
Gosposvetska cesta 5, Tel. +386 1 620 87 53
Haute Couture zweier junger slowenischer Modedesigner

MIRO DESIGN
Gornji trg 7, Tel. +386 040 619 314, www.mirodesign.si
Junges Modelabel zweier aufstrebender Designer

PIRANSKE SOLINE
Mestni trg 19, Tel. +386 1 425 01 90, www.soline.si
Salz und Salzprodukte aus den Salinen von Piran, hübsches traditionelles Geschäft

ROGAŠKA KRISTAL
Mestni trg 22, Tel. +386 1 24 12 701, www.steklarna-rogaska.si
Edle Kristallwaren aus traditionsreicher Manufaktur

SKRINA
Breg 8, Tel. +386 1 425 51 61, www.skrina.si
Slowenisches Handwerk

TORBICE MARJETA GROŠELJ
Tavčarjeva 4, Tel. +386 1 231 89 84
DIE slowenische Handtaschendesignerin seit über 30 Jahren – absolute Haute Couture!

UNTER DEN KOLONNADEN

10. ESSEN UND TRINKEN

Die slowenische Küche ist zwar der Küche der österreichisch-ungarischen Monarchie teilweise sehr ähnlich, hat aber natürlich aufgrund der Lage auch starken italienischen und somit auch mediterranen Einfluss. Es gibt wenige Speisen, die einen Touristen, zumindest jenen aus dem deutschen Sprachraum, wirklich überraschen würden, eine davon ist aber bestimmt die Süßspeise „prekmurska gibanica", eine in neun Schichten aufgetürmte Speise mit Mohn, Nüssen, Äpfel und Topfen/Quark zwischen Blättern von Mürbteig und Strudelteig. Die traditionelle slowenische Küche ist eher kräftig, variiert aber natürlich sehr von Region zu Region. Je westlicher man geht, desto leichter wird sie.
Entlang der Ljubljanica sowie in der Parallelgasse vom Rathaus hinauf zur Burg gibt es, wie in so vielen Städten, Lokale, die außerordentlich von der Lage und den netten Gastgärten profitieren (geöffnet auch im Winter, da in Slowenien in Lokalen absolutes Rauchverbot herrscht). Man muss sich zwar mancherorts mit einem Menü zufriedengeben, das etwas „touristisch" angehaucht ist, aber das ist eben der Preis, den man in dieser kleinen gemütlichen „Großstadt" für das Flair am Fluss gerne zahlt. Man findet alle Arten von Restaurants – von kleinen traditionellen über Pizzerias bis hin zu Haubenlokalen. Die Auswahl bestimmen die momentane Lust und Laune und die Geldbörse.

ABECEDARIUM

Ribji trg 2, Tel. +386 426 95 14, www.abecedarium.si
Mo bis Sa 10–24 Uhr
So 9–24 Uhr
Restaurant im ältesten Haus von Ljubljana, auch Frühstück!

ZLATA RIBICA

Cankarjevo nabrežje 5-7, Tel. +386 241 26 80, www.zlataribica.si
Mo bis So 9–24 Uhr
Mediterrane und slowenische Küche, eigener Laden mit slowenischen Weinen, Käse, Honig u.v.m.

ZLATA LADJICA

Jurčičev trg 1, Tel. +386 241 06 96, www.zlataladjica.si
Mo bis Sa 8–01 Uhr
So 10–22 Uhr
Ältestes Lokal an der Ljubljanica, früher „Schiffwirt" genannt, da hier Ware auf Schiffe geladen wurde.

STARA MAČKA

Krojaška 8, Tel. +386 1 251 17 49, www.staramacka.si
Mo bis Sa 9–01 Uhr
So 9–23 Uhr
„Steak and wine" ist das Leitmotiv dieses Restaurants am Fluss Ljubljanica. Moderate Preise und das einzige Restaurant, wo man den Hunger bis 1 Uhr stillen kann.

CAFE ROMEO

Stari trg 6, Tel. +386 40 70 60 70, www.caferomeo.si
Mo bis So 11–01 Uhr
Mexikanisch angehauchte Küche

JULIJA

Stari trg 9, Tel. +386 1 425 64 63
Mo bis Sa 11.30–22 Uhr
So 12–22 Uhr
Italienische, leichte mediterrane Küche

RIVER HOUSE

Gallusovo nabrežje 31, Tel. +386 1 425 40 90, www.riverhouse.si
Mo bis Fr 12–23 Uhr
Sa, So 11–23 Uhr
Altes Gewölbe am Fluss, minimalistisch modernisiert. Moderne, mediterrane, leichte Küche; herrlicher Gastgarten unter Bäumen direkt am Flussufer.

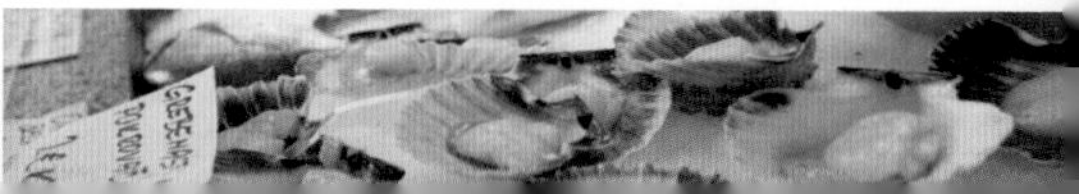

PLATO

Ajdovščina 1, Tel. +386 230 84 80, www.plato.si

Mo bis Fr 11–17 Uhr

Mitten im Stadtzentrum auf einem Plateau im ersten Stock einer vorzüglichen Konditorei findet man hier perfekte Mittagsmenüs zu einem vernünftigen Preis in modernem, frischem Ambiente vorzüglichst serviert.

ŠPAJZA

Gornji trg 28

Sollte trotz der Abgelegenheit im alten Stadtkern dennoch nicht übersehen werden, da das Ambiente gemütlich und der Gastgarten urig ist. Das Angebot richtet sich nach der Mehrheit der Gäste – Fisch und Fleisch in üblichen Formen, geschmackvoll, zu korrekten Preisen.

PR' POTIC

Stari trg 21, Tel. +386 1 425 43 37, www.prpotic.si

Mo bis Sa 12–23 Uhr

Sa 12–17 Uhr

Slowenische Küche in nettem, zentralem Ambiente in der Altstadt; Mittagsmenüs und à la carte zu moderaten Preisen.

OKREPČEVALNICA RIBCA

Adamič-Lundrovo nabrežje 1 (untere Kolonnaden am Marktplatz, direkt am Flussufer in der Nähe des Prešeren-Platzes), Tel. +386 1 425 15 44, www.ribca.si

Mo bis Fr 8–16 Uhr

Sa 8–14 Uhr

Versteckt im Untergeschoss der Plečnik-Kolonnaden direkt am Flussufer, kommt der Fisch auch direkt aus den Fischhallen des anliegenden Marktes. Schnell, günstig und Fischliebhabern sehr zu empfehlen.

GEHOBEN, MAN WILL GESEHEN WERDEN ...

JB

Miklošičeva 17, Tel. +386 1 474 72 19, www.jb-slo.com
Mo bis Fr 11–24 Uhr
Sa 12–22 Uhr
Nach wie vor eines der besten Restaurants der Stadt, in dem der Eigentümer persönlich am Herd steht (und Gäste auch gerne persönlich begrüßt), wenn er nicht gerade die Welt bereist und kulinarische Eindrücke sammelt, um diese dann bis zur Perfektion getrieben seinen Gästen zu präsentieren. Und es gibt viele davon, die Janez' Küche fast vergöttern. Angesiedelt in einem der schönsten Jugendstilhäuser der Stadt, in unmittelbarer Nähe des Zentrums, trifft man nicht nur Mitglieder der Regierungs- oder Wirtschaftselite, sondern auch Ausländer, die auch mal „nur" auf ein Essen und einen der guten Weine aus Janez' perfekt bestücktem Weinkeller vorbeikommen. Ein Besuch – und das Kochbuch des Hausherren – ein Muss für jeden Gourmet.

VALVAS'OR

Stari trg 7, Tel. +386 1 425 04 55, www.valvasor.net
Mo bis Sa 12–22.30 Uhr
Neues minimalistisches Restaurant in einem langgezogenen, architektonisch interessanten Lokal mit Spitzenküche und perfektem Service.

AS

Knafljev prehod, Tel. +386 1 425 88 22, www.gostilnaas.si
Mo bis So 11–24 Uhr
Eines der vornehmsten und somit auch teuersten Restaurants der Stadt, etwas versteckt in einer Passage. Mit herrlichem Garten und einer Lounge für ein schnelle(re)s Mittagessen, sowie einer Bar im Keller behauptet sich As bereits seit über 10 Jahren in der Stadt. Der Name bürgt nach wie vor für vorzüglichen Service und exzellente Speisen.

CUBO

Šmartinska 55, Tel. +386 1 521 15 15, www.cubo-ljubljana.com
Mo bis Fr 11–22 Uhr
Sa 12–22 Uhr
Der etwas abgelegene Standort des jungen, modernen und äußerst beliebten Restaurants hindert nicht mal Touristen diesen Verwöhnort hoher Kulinarik zu entdecken. Inspiriert von der italienischen und mediterranen Küche, sind die Küchenchefs außerdem Meister der Desserts, über deren Entstehung man sogar ein prämiertes Kochbuch erwerben kann. Sowohl zu Mittag als auch abends sehr frequentiert. In-Lokal.

MAXIM

Trg republike 1 (im Untergeschoss des Kaufhauses Maximarket)
Tel. +386 1 476 69 82, www.klubmaxi.si
Mo bis Fr 12–18 und 19–23 Uhr
Ein Restaurant, das nicht gerade einfach zu finden ist, da es erstens in der Passage des Kaufhauses Maximarket liegt und zweitens der Eingang nicht gerade direkt ein Restaurant vermuten lässt. Nettes Ambiente, breites Angebot, exzellente Küche, eher zu Mittag bei Geschäftsleuten sehr beliebt.

NACH WIE VOR SEHR TRADITIONELL ...

ŠESTICA

Slovenska 40, Tel. +386 1 242 08 55, www.sestica.si
Mo bis Fr 10–23 Uhr
Sa 12–23 Uhr
Ältestes Gasthaus der Stadt; sehr traditionelle slowenische Küche in nettem Ambiente, abends auch slowenische Lifemusik.

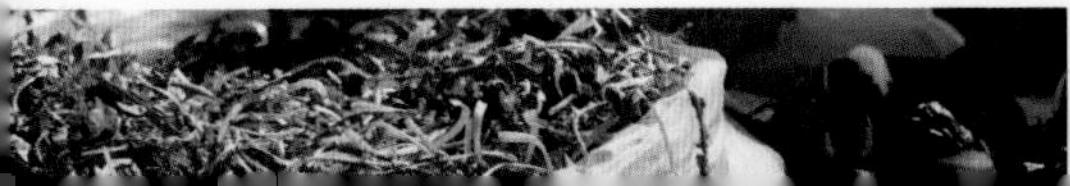

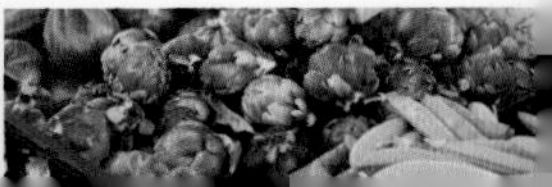

FIGOVEC

Gosposvetska 1, Tel. +386 426 44 10, www.figovec.si
Mo bis Fr 9–24 Uhr
Sa, So 12–16 Uhr
Alter Fuhrmanngasthof direkt an einer großen Straßenkreuzung mit weiß gedeckten Tischen und gutbürgerlicher Küche, etwas modern angehaucht. Pferdefleisch ist eine der Spezialitäten, Spanferkel die andere. Und natürlich findet man noch vieles mehr.

SOKOL

Ciril Metodov trg 18, Tel. +386 1 439 68 55, www.gostilna-sokol.com
Mo bis So 06–23 Uhr
Traditionell, schnell, üppig, gut. Kein Ruhetag.

LOUNGE UND CLUBBING

TOP

Tomšičeva 2, Tel. +386 40 17 77 75, www.klubtop.si
So bis Di 8.30–22 Uhr
Mi bis Sa 8.30–05 Uhr
freier Eintritt bis 23 Uhr
Abends ein Club mit Musik und verschiedenen Themenabenden, findet man tagsüber hoch über den Dächern der Stadt kleine Gerichte, Salate und Pasta, aber auch anspruchsvollere Menüs. Nur über den Außenlift am Kaufhaus Nama zu erreichen.

KAVARNA MAČEK

Krojaška 5, Tel. +386 1 425 37 91, www.sobe-macek.si
Mo bis Sa 9–0.30 Uhr
So 9–22 Uhr
Eines der ersten Cafés an der Ljubljanica mit eigener Frühstückspension

BAR FETICHE

Cankarjevo nabrežje 25, www.fetiche.si

Fashion-Showroom und Bar; moderne Bar mit wunderbaren Cocktails und guter Clubbing-Musik.

PR' SKELET – Beim Skelett

Ključavničarska 5, Tel. +386 1 252 77 98, www.prskelet.com

Mo bis So 10–03 Uhr

Sicherlich eines der bizarrsten Lokale der Stadt, in Gesellschaft von Skeletten kann man sich die Zeit mit einem der über 170 verschiedenen Cocktails vertreiben. Nicht unbedingt jedermanns Geschmack.

MAKALONCA

Hribarjevo nabrežje 19, Tel. +386 40 42 71 67, www.makalonca.si

Mo bis Sa 8–01 Uhr

So 10–22 Uhr

Bar mit kleinen Imbissen direkt am Fluss Ljubljanica, etwas unter dem Fußgängerweg. Herrlich entlang des Ufers gelegen, sehr intim, im Sommer als wunderbare Sonnenbank zu nutzen.

OPERA BAR

Cankarjeva 12, Tel. +386 1 421 03 90, www.opera-bar.com

Mo bis Mi 07–01 Uhr

Do bis Sa 07–03 Uhr

So 10–18 Uhr

Bar mit australischem Touch des ausgewanderten Eigentümers, sehr nettes Ambiente, vor allem vor und nach diversen Vorstellungen stark frequentiert.

TEE UND KAFFEE

Čajnica – Teehaus CHA

Stari trg 3, Tel. +386 1 4212 440, www.cha.si
Mo bis Fr 9–20 Uhr
Sa 9–13.30 Uhr
DAS Teehaus der Stadt mit angeschlossenem Verkaufsladen, wo man gerne bereit ist, auf einen der wenigen Tische auch etwas zu warten.

Teehaus und Pension SLAMIČ

Kersnikova ulica 1, Tel. +386 1 433 82 33, www.slamic.si
Mo bis Do 7.30–22 Uhr
Fr 7.30–21 Uhr
Sa 9–14 Uhr
Tee und Kaffeehaus in einer ruhigen Seitengasse mit entzückender eigener Frühstückspension.

CAFETINO

Stari trg 5, Tel. +386 1 422 29 50
Mo bis Fr 7.30–19 Uhr
Sa 8–14 Uhr
So 9–14 Uhr
Kaffeeparadies für Genießer

SÜSSE VERFÜHRUNGEN

Kavarna in slaščičarna ZVEZDA

Wolfova 14, Tel. +386 1 421 90 90
Mo bis Sa 7–23 Uhr
So 10–18 Uhr
Eine der wenigen richtigen Konditoreien der Stadt mit eigener Produktion und zwei weiteren Lokalen.

KAVARNA MAXI

Trg republike 1, Tel. +386 476 69 80
Mo bis Fr 7.30–22 Uhr
Sa 8–17 Uhr
Traditionelle Konditorei am Parlament; zu empfehlen ist die Reminiszenz an alte (jugoslawische) Zeiten: Ohridska rezina und türkischer Kaffee.

KAVARNA UNION

Miklošičeva 1, Tel. +386 1 308 19 72
Mo bis Sa 9–17 Uhr
Traditionelles Kaffeehaus mit Wiener Flair

Slaščičarna PLATO

Ajdovščina 1, Tel. +386 230 84 80, www.plato.si
Mo bis Fr 11–17 Uhr
Moderne, jugendliche Konditorei und Kaffeehaus

ČOKOLADNICA DOBNIK

Trg republike 1, in der Passage des Kaufhauses Maximarket
Mo bis Fr 9–21 Uhr
Sa 9–17 Uhr
Handgeschöpfte Pralinen aus eigener Manufaktur

INTERNATIONALE KÜCHE

BON APETIT

Miklošičeva 28, Tel. +386 1 430 80 80, www.bonappetit.si
Mo bis Fr 12–15 und 19–22 Uhr
Echt französisches Restaurant von französischen Besitzern

DA BU DA

Šubičeva 1a, Tel. +386 1 425 30 60
Mo bis Fr 11–23 Uhr
Sa bis So 12–23 Uhr
Thailändische Küche, mittags beliebter Studententreff

JOE PEÑAS

Cankarjeva 6, Tel. +386 1 4215 800, www.joepenas.si
Mo bis Do 10–01 Uhr
Fr bis Sa 10–02 Uhr
So 12–24 Uhr
Mexikanisches Restaurant mitten im Stadtzentrum

NAMASTE

Breg 8, Tel. +386 1 425 01 59, www.restavracija-namaste.si
Mo bis Sa 11–24 Uhr
So 11–22 Uhr
Mit entspannter Atmosphäre, Düften indischer Gewürze und großteils Gerichten aus Rajastan und dem Punjab, die man von mild bis extra scharf bestellen kann, bringt das indische Restaurant etwas Abwechslung in die Gastronomieszene.

SHAMBALA

Križevniška 12, Tel. +386 1 426 30 14, www.shambala.si
Mo bis Fr 9–24 Uhr
Sa 12–24 Uhr
Eine kleine, aber qualitativ hochwertige Auswahl an asiatischen Speisen wird im netten Ambiente eines alten Innenhofes, etwas abgelegen vom Trubel, serviert. Auch für Vegetarier.

SUSHIMAMA

Wolfova 12, Tel. +386 40 70 20 70, www.sushimama.si
Mo bis Sa 11–23 Uhr
Das erste und lange Zeit einzige Sushi-Restaurant in Slowenien, klein und intim mit dem Koch direkt im Restaurant. Kenner beschreiben das Sushi als exzellent, man findet aber auch andere japanische Gerichte, eine breite Auswahl an Weinen und Cocktails.

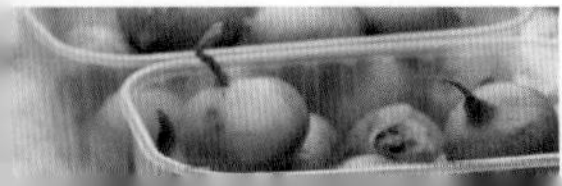

MAL WAS ANDERES

HARAMBAŠA – okrepčevapnica

Vrtna ulica, Tel. +386 41 84 31 06
Mo bis Fr 10–22 Uhr
Sa 12–22 Uhr
So 12–18 Uhr
Etwas abgelegen, etwas anders, aber ganz im Balkan-Stil. Kleine, niedrige Tische, Hocker dazu, unverwechselbare „čevapčiči", so wie sie seinmüssen, aus reinem Rindfleisch und mit Zwiebel und „kajmak" (Weichkäse) serviert, dazu ein Glas Joghurt und am Ende einen türkischen Kaffee mit Ratluk (süße Würfel aus Gelatine und Nüssen) und einer Drina-Zigarette. Ein Treffpunkt für alle Balkan-Liebhaber.

SARAJEVO 84

Nazorjeva 12
Mo bis Do 11–24 Uhr
Fr, Sa 11–02 Uhr
Balkan im Keller in der Innenstadt; neu, sehr stark Bosnien-angehaucht und genau das Richtige für Jugo-Nostalgiker. Die Bedienung ist freundlich und flink, die Čevapčiči heiß und auf einem Blechtablett serviert, das bosnische Bier kühl und belebend. Kleine Auswahl, aber sehr zu empfehlen.

PANINOTEKA

Jurčičev trg 3, Tel. +386 425 00 55, www.paninoteka.si
Mo bis Sa 8–01 Uhr
So 9–23 Uhr
Die erste Sandwich-Bar der Stadt, nicht viel größer als eine Telefonzelle, aber mit Mega-Sandwiches im italienischen Stil, heiß oder kalt. Und jeden Tag eine Suppe. Netter Gastgarten davor mit Blick auf den Fluss.

GOSTILNA POD ROŽNIKOM, vulgo „Čad"

Cesta na Rožnik 18, Tel. +386 1 251 34 46
Mo bis So 9–23 Uhr
Ein altes, traditionelles Gasthaus mit einem der schönsten typischen Gastgärten unter alten Baumkronen, die korrekte Unfreundlichkeit der

Kellner ist zwar nicht zu übersehen, aber das köstliche und typisch balkanische Essen entschädigt für alles ...

WEINBARS

DVORNI BAR

Dvorni trg 2, Tel. +386 1 251 12 57, www.dvornibar.net
Mo bis Sa 8–01 Uhr
So 9–24 Uhr
Organisierte Weinverkostungen jeden zweiten Mittwoch 20–22 Uhr

MOVIA

Mestni trg 4, Tel. +386 1 425 54 48, www.movia.si
Mo bis Sa 12–24 Uhr
Einer der besten Winzer des Landes, Weinverkostung und kleine Imbisse.

VINSKE KLETI SLOVENIJE – WEINKELLEREIEN SLOWENIENS

Dunajska 18 (am Messegelände), Tel. +386 1 431 50 15, www.vks.si
Mo bis Fr 12–23 Uhr
Sa 17–23 Uhr
Alle Weine Sloweniens auf einen Schlag! Weinverkostungen und Restaurant.

VINOTEKA & CAFE MAXIMAL

Breg 2, Tel. +386 422 00 33
Erlesene slowenische Weine und wechselnde Ausstellungen

JAZZ

JAZZ CLUB GAJO

Beethovnova 8, Tel. +386 1 425 32 06, www.jazzclubgajo.com
Mo bis Fr 9–01 Uhr
Sa, So 9–24 Uhr
Einer der wenigen, aber ohnehin der Beste der Stadt. Viele ausländische Gäste, wahrhaftige Jazz-Szene.

11. UNTERKUNFT

Boutique-Hotels im Stadtzentrum

ANTIQ HOTEL

Gornji trg 3
1000 Ljubljana
E-Mail: info@antiqhotel.si
www.antiqhotel.si/
Tel. +386 1 421 35 60
Fax: +386 1 421 35 65
An einem pittoresken Standort im Herzen der Altstadt bietet das Hotel Antiq 16 Zimmer für jeden Geldbeutel. Große Betten, blumige Wandtapeten, traumhafte Bäder mit femininem Touch und wunderschöne Kronleuchter versetzen den Gast in alte Zeiten. Bereits die Lobby lässt den Stil des Hotels erahnen und man hat das Gefühl, man kommt zu Besuch in eine mit Charme renovierte Altbauwohnung. Da das Hotel in der Fußgängerzone liegt, mangelt es an Parkmöglichkeiten.

ALLEGRO GARNI HOTEL

Gornji trg 6
1000 Ljubljana
E-Mail: info@allegrohotel.si
www.allegrohotel.si/
Tel. +386 59 119 620
Fax: +386 59 119 621
Das Allegro Hotel ist ein freundliches Wohlfühlhotel im alten Stadtkern mit 12 individuell gestalteten Zimmern in unterschiedlichen Farben mit prächtigen Wandtapeten. Eine überraschende Anzahl von Gemeinschaftsräumen, sowie ein kleiner Garten machen das Hotel zum „zweiten Heim“. Da das Hotel in der Fußgängerzone liegt, mangelt es an Parkmöglichkeiten.

5-Sterne-Hotel:

HOTEL LEV

Vošnjakova 1
1000 Ljubljana
E-Mail: info@hotel-lev.si
www.hotel-lev.si/
Tel. +386 1 433 21 55
Fax: +386 1 434 33 50

Lev ist das einzige 5-Sterne-Hotel der Stadt. Es nahm im Jahr 1964 seinen Betrieb auf und gehörte vor Jahren zur Intercontinental-Hotelgruppe. Die Lage im Zentrum und eine eigene Hotelgarage machen das Hotel zusätzlich beliebt. Unter den Gästen waren auch schon Agatha Christie, Kirk Douglas oder Sting. Neben einer marmorgeschmückten Lobby sowie 170 geschmackvoll renovierten Zimmern, die mit schalldichten Fenstern und allen Annehmlichkeiten ausgestattet sind, bietet das Hotel auch eine angenehme Bar, ein kleines, aber feines und beliebtes Restaurant und ein Spielcasino im Keller. Das Hotel ist auch ein frequentierter Veranstaltungs- und Kongressort.

4-Sterne-Hotels:

AUSTRIA TREND HOTELS & RESORTS HOTEL MANAGEMENT d.o.o.

Dunajska 154
1000 Ljubljana
E-Mail: reservations.ljubljana@austria-trend.at
www.austria-trend.at/lju
Tel. +386 1 588 25 00
Fax: +386 1 588 25 99

Zwei Kilometer außerhalb des Zentrums liegt dieses moderne, neue Hotel am Autobahnring der Stadt und ermöglicht somit gute Anbindungen. Exklusive Zimmer zu moderaten Preisen, sowie viele Zusatzservices, wie z. B. ein Spa im Untergeschoss, eine exklusive Cocktailbar oder ein hoteleigener kostenloser Shuttleservice ins Stadtzentrum und kostenloser Internetzugang von allen Zimmern, machen das Hotel zum beliebten Businesstreffpunkt.

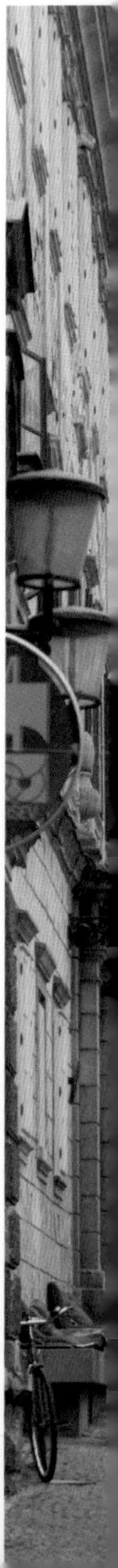

GRAND HOTEL UNION d.d. EXECUTIVE

Miklošičeva 1
1000 Ljubljana
E-Mail: hotel.union@gh-union.si
www.gh-union.si
Tel. +386 1 308 12 70
Fax: +386 1 308 10 15

GRAND HOTEL UNION d.d. BUSINESS

Miklošičeva 3
1000 Ljubljana
E-Mail: hotel.business@gh-union.si
www.gh-union.si
Tel. +386 1 308 11 70
Fax: +386 1 308 19 14

„Garni" GRAND HOTEL UNION d.d.

Miklošičeva 9
1000 Ljubljana
E-Mail: info@astralhotel.net
Tel. +386 1 308 43 00
Fax: +386 1 230 11 81

Die Union-Hotelgruppe bietet in der Miklošičeva cesta – Miklošič Straße direkt im unmittelbaren Zentrum drei verschiedene Preisklassen von Hotels an (Executive, Business und Garni), wobei das Executive zu den ältesten zählt und im prachtvollen Jugendstil erbaut wurde. Es bietet exzellente Infrastruktur, geräumige moderne Zimmer mit einem Hauch Nostalgie und ein Appartement, in dem gekrönte Häupter und Staatspräsidenten bei offiziellen Besuchen übernachten. Zu den Gästen zählten bereits die amerikanischen Präsidenten George W. Bush und Bill Clinton, die britische Königin Elisabeth II. und viele andere. Ein im Jugendstil modern renoviertes Kongress- und Veranstaltungszentrum rundet das breite Angebot ab.Das Businesshotel war einst Teil der Holiday Inn-Gruppe und stammt aus Mitte des vorigen Jahrhunderts. Es wurde von Garni in ein modernes Businesshotel umgestaltet, das an eine geräumige öffentliche Garage angeschlossen ist und ein Spielcasino im Haus hat.

HOTEL MONS

Pot za Brdom 55
1000 Ljubljana
E-Mail: info@hotel.mons.si
www.hotel.mons.si
Tel. +386 1 470 27 00
Fax: +386 1 470 27 08

Am Autobahnring und nur 15 Minuten vom Stadtzentrum entfernt liegt das moderne Hotel, eingebettet in einen kleinen Wald. Dem Hotel, dessen Zimmer mit moderner Kunst ausgestattet sind, ist ein weitläufiges Konferenzzentrum angeschlossen, das sowohl genügend Parkplätze als auch eine exzellente Küche bietet. Das vom Stararchitekten Boris Podrecca konzipierte Hotel wird als das erste Designerhotel des Landes eingestuft und macht dieser Bezeichnung auch alle Ehre.

HOTEL SLON – BEST WESTERN PREMIER

Slovenska 34
1000 Ljubljana
E-Mail: sales@hotelslon.com
www.hotelslon.com
Tel. +386 1 470 11 31
Fax: +386 1 251 71 64

An der Hauptstraße, ganz im Zentrum und an Stelle des ältesten Hotels der Stadt, liegt das Hotel Slon – der Elefant, das sowohl eine persönliche Wahl des Polsters sowie edelste Bettwäsche anbietet. Das Frühstücksbüffet soll eines der variationsreichsten der Stadt sein, außerdem hat das Hotel eine angenehme Lounge Bar und beherbergt neben einem kleinen Fitnesszentrum auch ein Businesscenter, wo Sie ein Büro auf Zeit anmieten können, sowie eine äußerst beliebte Konditorei.

3-Sterne-Hotels:

STIL HOTEL

Litijska 188
1261 Ljubljana-Dobrunje
E-Mail: hotel@hotel-stil.si
www.hotel-stil.si
Tel. +386 1 548 43 43
Fax: +386 1 548 43 44

Das Stil Hotel ist ein kleineres Familienhotel am Stadtrand am Autobahnring mit ausgezeichnetem Preis-Leistungs-Verhältnis. Genügend Komfort und ein eigener großer Parkplatz. Das Hotel ist sehr beliebt bei Gruppen und Messegästen.

CITY HOTEL

Hotel Turist d.d.
Dalmatinova ul. 15
1000 Ljubljana
E-Mail: info@hotelturist.si
www.hoteltourist.si
Tel. +386 1 234 91 30
Fax: +386 1 234 91 40

Ein freundliches Hotel im Zentrum mit angenehmer Atmosphäre, netten renovierten Zimmern, einer kleinen Bibliothek und kostenlosem Fahrradverleih an wärmeren Tagen.

M HOTEL

Derčeva 4
1000 Ljubljana
E-Mail: info@m-hotel.si
www.m-hotel.si
Tel. +386 1 513 70 00
Fax: +386 1 519 30 48

Ein nettes Hotel etwas außerhalb des Zentrums, jedoch gut gelegen an einer der Haupteinfahrtsstraßen, 150 freundliche und bequeme Zimmer, eigener Parkplatz. Für groß gewachsene Gäste bietet das Hotel 40 Zimmer mit extra langen Betten.

3-Sterne-Pensionen:

B&B SLAMIČ
Kersnikova ulica
1000 Ljubljana
E-Mail: info@slamic.si, www.slamic.si
Tel. +386 1 433 82 33, Fax: +386 1 433 80 22
Eine entzückende Frühstückspension direkt in der Stadt, ruhig in einer Seitengasse gelegen, mit eigenem Parkplatz und bei schönem Wetter Frühstück auf der Dachterrasse, eigenes Teehaus.

GOSTILNA S PRENOČIŠČI "PRI MRAKU"
Rimska 4
1000 Ljubljana
E-Mail: mrak@daj-dam.si, www.daj-dam.si
Tel. +386 1 421 96 00, Fax: +386 1 421 96 55
Direkt in der Stadt, in unmittelbarer Nähe des Freilufttheaters Križanke

GOSTILNA TAVČAR
Cesta v Šmartno 7
1000 Ljubljana
www.penzion-tavcar.com
Tel. +386 1 546 69 70, Fax: +386 1 546 69 90
Außerhalb der Stadt, mit dem Auto gut erreichbar, keine öffentliche Verkehrsanbindung

Gästehäuser:

HOSTEL CELICA
Metelkova 8
1000 Ljubljana
www.souhostel.com
Tel. +386 1 230 97 00, Fax: +386 1 230 97 14
Bestimmt eines der schönsten und interessantesten Hostels der Welt! Gelegen in einem ehemaligen Gefängnis, heißt es auch „Zelle". Das Objekt aus dem Jahr 1882, als die österreichisch-ungarische Monarchie hier einen Stützpunkt errichtete, war bis zum Jahr 1991, als die jugoslawische Armee Slowenien verlassen hatte, ein staatliches Gefängnis. Sicherlich eine der erlebnisreichsten Übernachtungsmöglichkeiten der Stadt, eher von jüngerem Publikum besucht.

12. AUSFLÜGE IN DIE UMGEBUNG

BARJE – MOOR, südwestliche Verlängerung der Stadt

Einzigartige Landschaft umgeben von Hügeln mit einer Vielfalt von Flora und Fauna, hier waren die ersten Gründer-Pfahlsiedlungen der Stadt Ljubljana

BLED, 54 km nördlich der Stadt

Weltbekannter Urlaubsort am Gletschersee mit einer malerischen Insel und einer imposanten Burg und einem der ältesten und schönsten Golfplätze Europas

BOHINJ, 87 km nordwestlich der Stadt

Im Triglav-Nationalpark am See von Bohinj (Wohein), traditionelle Käseherstellung, zahlreiche Wander- und Bademöglichkeiten, Schigebiet auf Vogel oberhalb des Sees, Quelle der Sava (Slap Savica – Wasserfall)

CERKNIŠKO JEZERO, 50 km westlich der Stadt

Versiegender Karstsee, der einzige seiner Art in Europa

IŠKI VINTGAR, 17 km westlich der Stadt

Malerisches Flusstal in einer wilden Karstgegend

KAMNIK, 22 km nordöstlich der Stadt

Ein kleines, altes, malerisches Städtchen am Fuße der Steinernen Alpen

KRVAVEC, 30 km nördlich der Stadt

Beliebtes, modernes Schigebiet, sozusagen der Hausschiberg der Stadt

LIPICA, 87 km westlich der Stadt

Weltbekanntes Lipizzanergestüt, die Wiege aller Lipizzaner
In der Nähe befindet sich ein Golfplatz

MARIBOR, 122 km östlich der Stadt

Zweitgrößte Stadt Sloweniens am Rande einer der slowenischen Weinbauregionen mit der ältesten, über 400 Jahre alten Weinrebe der Welt

OTOČEC, 70 km südlich der Stadt

Zauberhaftes Schloss auf einer kleinen Insel auf dem Fluss Krka
Hotel und Golfplatz

PIRAN, 133 km westlich der Stadt

Historische Küstenstadt mit starkem Einfluss traditioneller, venezianischer Architektur

PTUJ, 130 km östlich der Stadt
Die älteste Stadt Sloweniens mit reichem Kulturerbe, schöner Golfplatz

POSTOJNA – HÖHLE, 53 km westlich der Stadt
Unterirdische Karsthöhle mit dem zweitlängsten Höhlensystem der Welt
Elektrische Eisenbahn für Besichtigungstouren
Permanente Temperatur über das ganze Jahr

PORTOROŽ, 130 km westlich der Stadt
Der traditionsreichste Fremdenverkehrsort Sloweniens mit architektonischen Spuren der österreichisch-ungarischen Monarchie

RAKITNA, 32 km südwestlich der Stadt
Luftkurort an einem künstlich angelegten See, beliebter Wochenendausflugsort für Familien, in der Nähe befindet sich der Berg Krim mit wunderschöner, weitläufiger Aussicht

ŠKOCJANSKE JAME – HÖHLEN VON ŠKOCJAN, 80 km westlich der Stadt
UNESCO-Welterbe

ŠKOFJA LOKA, 21 km nordwestlich der Stadt
Eine der ältesten Städte Sloweniens mit einer Burg mit Museum und einer schön erhaltenen Altstadt

STIČNA, 33 km südlich der Stadt
Altes Zisterzienserkloster aus dem 11. Jahrhundert mit einer der ältesten Sammlungen lateinischer Handschriften und einer eigenen Kräuterapotheke

VELIKA PLANINA, 29 km nordöstlich der Stadt
Eine Hochebene mit architektonisch einzigartigen Hirtenhütten, wo nach wie vor Vieh auf die Alm getrieben wird und Hirten in traditionellem Gewand die Herden hüten; beliebtes Wander- und Schiausflugsziel

VOLČJI POTOK, 19 km östlich der Stadt
Arboretum mit vielfältiger, seltener Pflanzenart, in der Nähe befindet sich ein malerischer Golfplatz mit Blick auf die Alpen

ZBILJSKO JEZERO / SEE ZBILJE, 14 km nördlich der Stadt
Möglichkeiten zum Angeln, Wassersport und Erholung

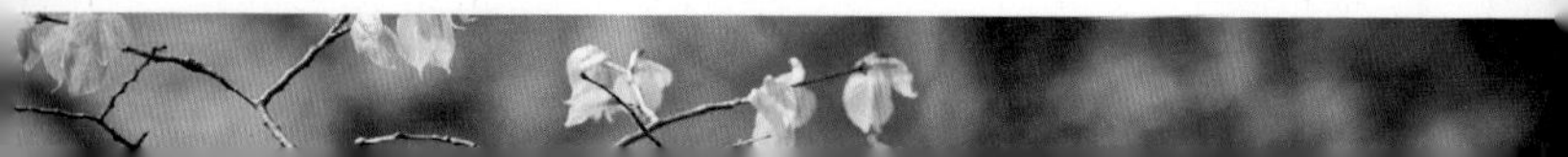

QUELLENNACHWEIS

1. Javornik Marjan, Voglar Dušan, Dermastia Alenka; Enciklopedija Slovenije XIII: Mladinska knjiga Ljubljana 1999
2. Hrausky Andrej, Koželj Janez; Arhitekturni vodnik po Ljubljani (1. Aufl.): Verlag Rokus Ljubljana 2002
3. Hrausky Andrej, Koželj Janez, Prelovšek Damjan; Plečnikova Ljubljana: DESSA 1996
4. Verschiedene Autoren, Ljubljana – mesto kulture: Stadtgemeinde Ljubljana 1997
5. Hrausky Andrej, Koželj Janez, Prelovšek Damjan; Jože Plečnik Dunaj, Praga, Ljubljana (2. Aufl.): Cankarjeva založba 2007
6. Verschiedene touristische Prospekte: Tourismusverband Ljubljana 2008-2009